台北に慣れて〔……〕ます。
そこにもまた新たな魅力を発見し、今ではすっかり台
湾好きです！

私の周りで、「台湾は気になっているけど、まだ行けてないん
だよねぇ」とか、「近いからいつか行こうと思っているのだけ
ど……」という声をよく聞きます。
その度に、もったいない！いますぐ行って欲しい‼ と思う自
分がいて、そのような方たちに向けてこの本を作りました。
もうすでに何度も台湾を訪れている方には、きっと共感して
もらえるところがあるのではないかと思っています。そして、
いますぐ台湾に行きたい！という気持ちになってもらえたら
嬉しいです。台湾は、ビギナーさんも、常連さんも、いつで
も優しく迎えてくれます。

この本が、皆さんの台湾旅の背中を押す
きっかけになったら嬉しいです。

祝您旅途愉快！（良い旅を願っています！）

【目次】

※本書掲載の情報内容は 2019 年 12 月時点のものです。
　その後、変更になっていることがありますのでご了承ください。

台北駅・中山
行天宮・迪化街エリア

淡水河

大橋頭站

涼州街
滋養製菓(P80)

★林華泰茶行(P38,83)

迪化街二段

重慶北路二段

冰讃(P84)

★迪化街
(P34)

福田一方鳳梨酥
(P81)

●寧夏夜市

CHARM VILLA
(P82)
★

南京西路

太原路

★日星鑄字行
(P58)

神農生活
(誠品南西店内)
(P70)

長安西路

MRT桃園機場線

北門站

桃園機場線
台北車站

新光三越
台北駅前店

台北車站

珍煮丹
(他店舗あり)
(P87)

TIGER SUGER
(老虎堂)
(他店舗あり)
(P87)

許昌街

信陽街

信陽街
永和豆
(P79)

公園路

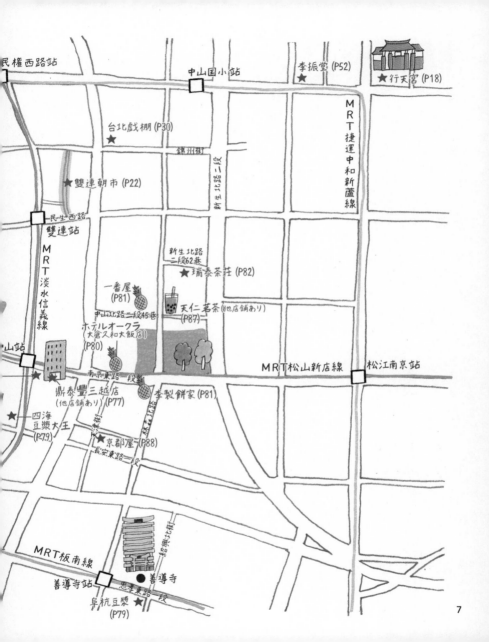

民権西路站

中山国小站

李振堂 (P52)
★

★ 行天宮 (P18)

台北戯棚 (P30)
★

錦川街

新生北路二段

MRT捷運中和新蘆線

★ 雙連朝市 (P22)

民生西路
雙連站

MRT淡水信義線

新生北路
二段62巷

★ 瑞泰茶荘 (P82)

一番屋
(P81)

天仁茗茶 (他店舗あり)
(P87)

中山北路二段45巷

ホテルオークラ
(大倉久和大飯店)
(P80)

山站
★

MRT松山新店線

松江南京站

南京東路二段

鼎泰豊三越店
(他店舗あり) (P77)

李製餅家 (P81)

四海
豆漿大王
(P79)

京都屋 (P88)

長安東路二段

MRT板南線

善導寺

善導寺站

恵孝東路 段

阜杭豆漿
(P79)
★

7

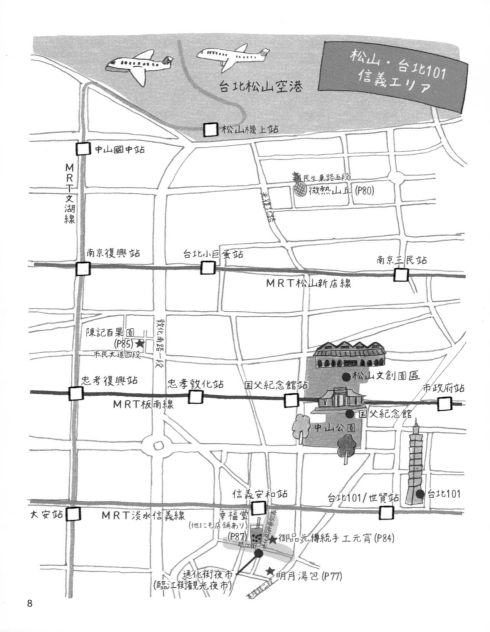

台北松山空港

松山・台北101
信義エリア

松山機上站

中山國中站

新民生東路五段
微熱山丘 (P80)

MRT文湖線

南京復興站

台北小巨蛋站

南京三民站

MRT松山新店線

陳記百果園
(P85)★
市民大道四段
敦化南路一段

忠孝復興站

忠孝敦化站

国父紀念館站

松山文創園區

市政府站

MRT板南線

中山公園

国父紀念館

台北101

信義安和站

幸福堂
(他にも店舗あり)
(P87)

御品元傳統手工元宵 (P84)

大安站

MRT淡水信義線

台北101/世貿站

通化街夜市
(臨江街觀光夜市)

明月湯包 (P77)

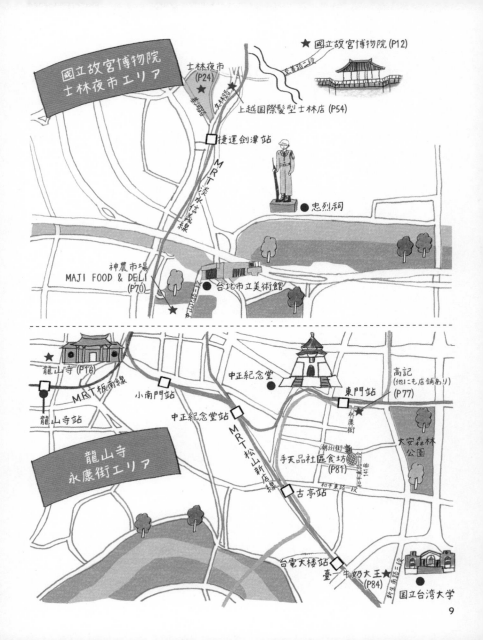

國立故宮博物院
士林夜市エリア

★ 國立故宮博物院 (P12)

士林夜市 (P24)

上越国際髮型士林店 (P54)

捷運劍潭站

MRT淡水信義線

● 忠烈祠

神農市場
MAJI FOOD & DELI (P70)

★ 台北市立美術館

- -

★ 龍山寺 (P16)

MRT板南線

龍山寺站

小南門站

中正紀念堂

中正紀念堂站

東門站

永康街 ★

高記
(他にも店舗あり) (P77)

MRT松山新店線

手天品社區食坊 (P81)

潮州街

和平東路一段

古亭站

大安森林公園

龍山寺
永康街エリア

台電大樓站

臺 ★ 牛奶大王 (P84)

新生南路二段

● 国立台湾大学

9

タケナガ エリ

★ 2010年が初台湾！

★台訪 10 回以上！

★最近は初心に戻る旅を計画中。
（王道の観光地とかを巡る）

★最近料理に興味アリ！

★趣味は登山と旅行。
台湾の山も登ってみたい！

★買い物大好き！
でもモノは増やしたくない。

★旅の計画は行きの飛行機で
考えることが多い。

★夏の旅はサンダル派。
冬はスニーカー。
軽くて動きやすい
スカートが多い。

★英語は中学レベル。
旅行はジェスチャーと
カタコト英語で乗り切る。

★視力 0.1 以下。
コンタクト＆メガネ必須！

★甘いものは好きだけど、
お酒の量が増えるにつれ
食べる量が減ってきた。
ビール好き。

★筋肉量はすくないが
体力はわりとあるほう。
やや胃弱。

★サバイブ能力はわりとある。
直感で進む。運は良いほう？？
晴れ女（自称）。

★旅の荷物の軽量化をめざす。
（洗濯も現地で）

作者の姉・台湾大好き
りさ さん

★国内旅行が多いが、
唯一行く海外は台湾。
一人旅はしない。

★旅行の下調べは
入念に行う。

★趣味は歴史（歴女）。

★買い物大好き！
台湾で買ってきたものを
周りの人にプレゼント
するのが好き。

★アルコールは苦手。

台湾旅を充実させてくれる
けーこ ちゃん

★台湾在住 8 年目。
貿易会社勤務。
ポジティブ。

★社員旅行で台湾人と
日本に来ることも。

★美容とファッションに
興味アリ。

★台湾に一生いる
つもりはない。

國立故宮博物院

山々に囲まれ
堂々たる存在感!!!
そのたたずまいから、すでに
世界四大博物館の
貫禄が出ています。

どーん!

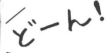

道の途中に
おもしろい
もの発見!
ツボ型ゴミ箱。

大人気!! 白菜と角煮!

イナゴ

キリギリス

【翠玉白菜】
天然の翠の色を活かして
作られている。
瑞々しさまで表現されていて
圧巻です。
何気にイナゴと
キリギリスがいます。

故宮博物院の一番の目玉「翠玉白菜」と
「肉形石」は必ずチェックしましょう!
手のひらサイズくらいの小ささながらも、
その美しさに惚れ惚れします。

【肉形石】
すごい小さい
ツブツブがある
天然の石を細工して
できたもの。
本当に石!? という
くらいリアルで、
ぷるぷる感まで伝わってきます。
見ているとお腹がすいてきます。

小さな白菜に
むらがる人達

小さい角煮に
むらがる人達

小さい白菜と角煮に
人がむらがる様子が
面白い。

12

美しい器の数々

深い青色が美しい。
青花四季花卉紋扁
（明 永樂）

繊細な蝶の描写。
粉彩百蝶紋瓶（清 光緒）

美しい色の組み合わせ！
蓋の上の部分の作りがとても
可愛らしいです。
銅胎畫琺瑯蓮花蓋碗
（清 康熙）

変わった形の器。
お酒を入れるもので、
瓶口は一つだけ
だそうです。
粉彩久安圖雙連蓋罐
（清 乾隆）

台湾には、世界四大博物館のひとつ國立故宮博物院があります。歴代の中国皇帝が所有していた宝物が、約69万点も所蔵されているのです。館内は、陶磁器、書、絵画、彫刻など美術品のオンパレード！それら一つ一つの美しさに、中国の歴史の一端を垣間見ることができます。

1日ではとても回りきれません。じっくり見たい人は数日かけて行くのがおすすめです。館内には食事処やカフェスペースもあるので、休憩しながらゆっくり鑑賞できますよ。他の観光もしたいのでコンパクトに、という人は、ポイントを絞って鑑賞してみてください。それでも2、3時間は必要です。

日本語のガイドマップやオーディオガイドもあります。

國立故宮博物院（P9）
台北市士林區至善路二段221號
TEL：02-2881-2021
営：8:30 ～ 18:30（日曜～木曜）
　　8:30 ～ 21:00（金曜～土曜）
休：無休

ゆるい作品たち

とても価値のある美術品とわかっていても、
思わずクスッと笑ってしまうゆるい作品たち。

くらげ？？

ゆるい魚

私でも描けそうな絵皿。
五彩魚藻盤（明 正徳）

親指サイズくらいの
小さい熊。
玉熊（西漢中晩期）

熊と子ども。
どちらもゆるくて、
どちらも愛らしい！
玉人與熊

どっちの顔も
ゆるいっす。
加彩陶武士俑
（北齊）

王神獣

顔の表情がなんとも
たまらない……!!
なんとなくうちの母親
に似ている。

ミュージアムショップでお土産探し

どれだけ白菜好きなの!? と突っ込みたくなるほど、
白菜グッズが充実しています。

ストラップ

シャープペン

ふせん

クリップ
もはや何の形か
わからない。

レゴ
台の部分も
ちゃんとレゴに
なっている！

コースター

折り紙

ポストカード
（13×18cm）
どーんと
存在感満点。
さて誰に送ろうか……。

私がお土産に買ったのは
こちらの品々です。

裸の子どもがポーズを
とっているふせん。
故宮博物院所蔵の
作品をモチーフに
している。
変わったもの好きの
友達のお土産に。

こちらも
故宮博物院所蔵の作品を
モチーフにした
マスキングテープ。
小さい箱に入っていて
プレゼントにも喜ばれそう!
金魚と浮き草がモチーフ。
日本にはなさそうな柄が
good!

ミュージアムレストランで食事

別棟の3階建て＋地下2階のビル
故宮晶華でランチ。
地下2階の府城晶華が
カジュアルで行きやすい。
台湾ビールがあるのも嬉しい!

エビのつみれを揚げたもの、
イカの団子を揚げたもの、
鶏肉飯が美味しかった!

館内のカフェでお茶休憩をとる。
ミュージアム限定の
ネスプレッソカフェ。
タピオカミルク、カフェラテ味。
紙のストローがエコですね!

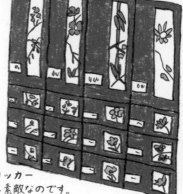

トイレのサイン、可愛い!

女　　　　　男

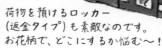

荷物を預けるロッカー
(返金タイプ)も素敵なのです。
お花柄で、どこにするか悩む〜!

龍山寺&行天宮 めぐり

龍山寺

MRT板南線「龍山寺駅」から徒歩0分。駅を出たらすぐ目の前にあります。

立派な門構え!!

電光掲示板に文字が流れている。日本だとあまり見ない組み合わせ。

細かい装飾がキレイ！

お寺の中では、たくさんの人がお経を読んでいました。

門を抜けると右手側に入口があります。入口と書いてあるのでわかりやすい！

敷居は踏まずに左足からまたぐ！

左足

立派な寺院の周りにはのんびりするおじさんが多かった。

どの国でもおじさんはゆるっとしている？

駅近くはホームレスが多く、あまり雰囲気がよくないので要注意！

16

龍山寺お参りの仕方

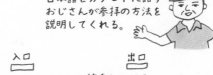

日本語をカタコトに話す
おじさんが参拝の方法を
説明してくれる。

入ってすぐの
カウンターで
長い線香をもらう。

※以前は3本も
らっていたのですが、
環境配慮のため
本数が減っているそう。
この時は1本でした。

入口　出口
線香たいてる
本殿
後殿

① 売店で線香を受け取る
② 本殿を参拝
③ 後殿を参拝
④ 本殿に戻り線香を立てる

旅に行くと、その土地の神様にお参りに行こう、と思います。ご挨拶をしたいなぁと思うのです。台北市内にはいくつもの寺院がありますが、中心エリアで行きやすい龍山寺と行天宮をご紹介します。
台北最古のお寺龍山寺は、学問、商売、恋愛など、なんと100あまりの神様が祀られています。オールマイティー！

お守りが豊富!!
100種類
くらいある!

小八香袋というお守り。
香袋と書いてあったので、
日本の香り袋を想定していたところ、
とてもスパイシーでした（笑）。
台湾では香り袋は魔除けの
効果があるそうです。

龍山寺（P9）
台北市廣州街211號
TEL:02-2302-5162
営:6:00～22:00
休:無休

蝶の形をした
お守りも
ありました。

靴をイメージ
したお守り。
片足は妊婦さんと
16歳以下の
子どものお守り。
両足は子どもが
16歳に成長して
神様に感謝する
お守り。

17

行天宮

荘厳な門構え!!

台湾らしい提灯がありました。超ビックサイズ!

重なって吊り下がっている!

行天宮内には青い服を着た人がたくさんいました。「効労生」と呼ばれるボランティアの方達だそうです。

たまたま七夕（台湾では情人節と言うそう）が近く、行天宮内で願い事を書いた短冊を笹につけるイベントが開催されていたので参加してみました。

行天宮は、商売繁盛の神様。私はフリーランスなので絶対にお参りをします！仕事運をあげたい人にもオススメです。
どちらもたくさんの人で賑わっています。また、朝から夜まで開いているので、観光に組み込みやすいのもポイントです！

感恩 → 感謝という意味

女性の場合信女と書く

闔家平安 → 家族が幸せに暮らせるようにという意味

名前

係の人が書き方を丁寧に教えてくれました！

行天宮（P7）
台北市中山區民權東路二段109號
TEL：02-2502-7924
営：4:00〜21:00
休：無休

18

行天宮お参りの仕方

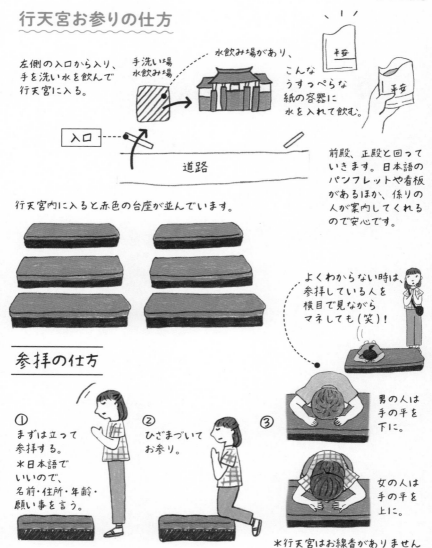

左側の入口から入り、手を洗い水を飲んで行天宮に入る。

手洗い場
水飲み場

水飲み場があり、こんなうすっぺらな紙の容器に水を入れて飲む。

平安
平安

入口 — — —▶

道路

前殿、正殿と回っていきます。日本語のパンフレットや看板があるほか、係りの人が案内してくれるので安心です。

行天宮内に入ると赤色の台座が並んでいます。

よくわからない時は、参拝している人を横目で見ながらマネしても(笑)!

参拝の仕方

① まずは立って参拝する。
*日本語でいいので、名前・住所・年齢・願い事を言う。

② ひざまづいてお参り。

③

男の人は手の平を下に。

女の人は手の平を上に。

*行天宮はお線香がありません

19

台湾式おみくじ(擲杯)の引き方

おみくじを引いてみよう!
日本のおみくじより工程が多いです。

おみくじ竹と木片が
設置されている
柱へ行く。

ここに半月型の
赤い木片(杯筊)が
入っているので
2つ取って、

上に向けて放り
地面に落とす。

表裏の組み合わせ(聖杯)が
出るまでおみくじ竹は
引けない(出るまで続ける)。

＊基本的に3回までしか
投げてはいけない
(私は3回目で
やっと出ました!)。

おみくじ竹を引くと
番号が書いてある。

番号を覚えて
もう一度赤い木片を
2つ取って投げる。

表と裏が出たら、
(出るまで繰り返す)
引いた番号を覚えて
室内に行き、
棚から紙を受け取る。

漢文!!!
中吉と
かいてあった!!

カード式の
お守りがもらえる。

COLUMN
専欄

収驚（しゅうじん）という儀式

行天宮で、参拝客が青い服を着た人（効労生）に背中をさすっても
らっている光景を目にしました。しかも、そこを先頭にすごい行列
ができていたのです！一体なんなのだろうと思っていたら、「収驚」
という儀式でした。収驚は、日常生活の中でびっくりする場面に遭
遇してしまったり、疲れが溜まっていたり、元気がなかったりする
時に、抜けていた魂を自分の体に戻すという儀式だそう。列に並ん
でいる人たちはとても静かで、どうやら携帯電話の使用も私語も禁
止のようです。右肩に魂を戻すので、鞄は左側にかけるそう。収驚
は無料で受けられます。次回は長蛇の列に並んで受けてみたい！

すごい行列！！

並んでいるとき、
会話、携帯電話、飲食は
禁止！

名前と
生年月日を
伝えます

荷物は
左側の肩に
かける

活気ある台湾！
夜市、朝市 めぐり

雙連朝市

狭い道の両脇に
お店がずらっと
並びます。

これから店を出す
おばさん。
重たそうな台車を
引いていた。

この台車1つに
お店が凝縮
されていると思うと
興奮する!!

錦西街

雙連朝市

民生西路45巷の
約300mの道の
両脇に店が並ぶ

雙連駅

民生西路

この駅は台北駅や
中山駅から地下道で
ずっと繋がっているので、
夏は外に出ずに地下道で
ここまで行けます。

台湾は夜も朝も元気！
朝市が各所で開かれていますが、街の
中心から行きやすい雙連朝市がおすす
めです。新鮮な野菜や果物を見ながら
の散策は、地元の人の生活を垣間見て
いるよう。旬な食べ物を知れたり、カ
ットフルーツを買ってその場で食べて
みたり、お土産を探してみたり、楽し
いですよ。

22

とても狭い
スペースで
ものすごい速さで
餃子を包む
おばちゃん。

マンゴー

旬なものを売っている。
7月に行った時は
マンゴーや筍が
売られていた！

筍

水蓮菜
シャキシャキです。

かごに盛られた
野菜の数々……。
瑞々しくて
美しい！
料理したく
なる〜！

その場で切って
売られていた
カットパイナップル。
買ってホテルで食べました。
甘くてジューシー!!

ビニール袋に入れて
売ってくれる。

二人三脚で
おこわとビーフンを
売る2人。

コンパクト
な台車。

近くの広場で
朝食も兼ねて食べる。
初めはビニールから
食べるの!?と
違和感がありましたが、
いざ食べ始めたら
気にならなくなりました。

ビニール
手袋で
袋に入れる。

雙連朝市（P7）
MRT淡水信義線 雙連駅降りてすぐ
営：8:00頃〜13:00頃（店によって異なる）
休：無休

士林夜市

台北で1番
大きい夜市!!

台北にはいくつもの夜市があり、17時頃から深夜1時くらいまでお店が開いています。
その中でも1番大きい夜市が士林夜市!

食事も遊びも買い物も楽しめるので、旅行中に必ず1回は行きたくなります。
いろいろな夜市に行ってみて、比較してみるのも楽しいですよ!

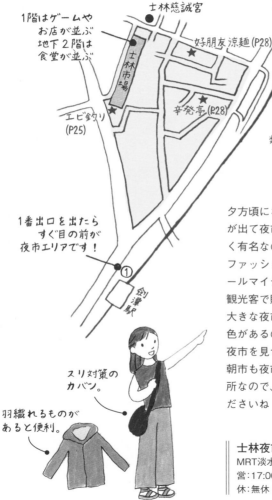

士林慈誠宮

1階はゲームやお店が並ぶ
地下2階は食堂が並ぶ

士林市場

好朋友 涼麺(P28)

エビ釣り
(P25)

辛発亭(P28)

1番出口を出たらすぐ目の前が夜市エリアです!

①

剣潭駅

スリ対策のカバン。

羽織れるものがあると便利。

夕方頃になると、街のあちこちに屋台が出て夜市が始まります。中でも大きく有名なのが士林夜市です。食べ物、ファッション、ゲームまで楽しめるオールマイティーの夜市で、地元の人や観光客で賑わっています。
大きな夜市も小さな夜市もそれぞれ特色があるので、自分なりのお気に入り夜市を見つけるのも楽しいです。
朝市も夜市もお金の出し入れが多い場所なので、スリには十分気をつけてくださいね!

士林夜市 (P9)
MRT淡水信義線 剣潭駅降りてすぐ
営:17:00時頃～深夜1:00時頃
休:無休

夜市で遊んでみる

エビを焼く
炭火台

食べる？
しっぽ〜
小さいやつ〜

でっぷりした
おじさん

うじゃうじゃ
いるエビ

釣ったら
バケツに入れる

おふろのイス

エビ釣り

士林市場の入口近くで
エビ釣りのお店を発見!!
釣ったエビはその場で焼いて
食べられるようで、
チャレンジしてみることに。

100元で7竿でき、結構楽しめる。
係りのおじさんが「小さいやつ〜」
「しっぽ〜」と言うので、
小さいサイズのしっぽを
ねらえば良いことがわかる。

初めは順調に1竿で2匹釣れたりしたものの、
だんだん集中力が切れ、欲が出て
大きいエビにチャレンジしていたら、
あっという間に終了！
でもけーこちゃんと2人で11匹の収穫！

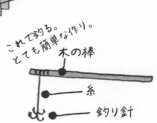

これで釣る。
とても簡単な作り。
木の棒

糸

釣り針

11匹！

塩味
でした

アツアツでカリカリ！

その場で焼いてくれて、
アツアツを食べました。

たくさん釣れて嬉しかったけど
夜市でいろいろ食べたいので
たくさん釣ったことを
少し後悔……。

ゲーセン

金額が書いてあり、
どうやらこの金額を払えば
買えるらしい。

ずらーっと並ぶ
UFOキャッチャーの機械たち。

390元

左右の移動は
時間内なら
何回もできる。

日本で行かなくなってしまったゲーセン。
夜市のあちこちにあるので、
旅の勢いでUFOキャッチャーにトライ。
機械は少し昔の日本のような感じで
ちょっとレトロ。

1回10元でできるのが手軽で嬉しい！
モノクロピカチュウのぬいぐるみに
チャレンジしたものの、最後の最後に
「ぶんっ」とアームが振られるため落ちてしまう。

気を取り直して
別の機械にチャレンジしたら
すんなり取れた！
食玩をゲット！

ぶんっ

台湾料理のキーホルダー
（プラスチック製の
立体的なもの）

あわび

けーこちゃんも
10元(約36円)でゲット

エビとチンゲン菜
の料理

10元でゲット！

夜市で食べる

夜市の楽しみと言えば食事!
この時はちょこちょこ食べて3軒をまわりました。

1軒目 → 士林市場の地下

士林市場の地下は食堂がたくさん並んでいて選び放題。
どのお店も同じようなメニューで悩む……。
ここのエリアは客引きも多い。
私たちは、一番奥にある客引きしていない家族経営っぽいお店へ。

1番働いているお母さん。

たぶん旦那さん
あんまり働いていない
おなかでてる……。

おそらく息子!?
今すぐランニング
できそうな格好で
料理をしている。

大きい鉄板でみるみる
料理をつくっていく
素朴な味。

甘めのタレ
綜合煎 60元

カキとエビの玉子炒め
台湾はカキが小ぶりで
食べやすい。

50元
台湾ビールも
ありました!
冷蔵庫から
自分で取り出す
スタイル。

麻辣豆腐 50元
木綿豆腐より
固めの豆腐が入った
辛めのスープ。

27

2軒目 → 露店へ 好朋友涼麺

台湾ミシュラン (2019) に載っていた好朋友涼麺へ。
ここのメニューは涼麺とみそ汁のみ！

涼麺 (小) 45元

みそ汁 (卵入り) 35元

涼麺はゴマダレが
かかっていて、あっさり。
みそ汁は台湾式で甘め
だったけど、
飲むとホッとする！

お店のおばちゃんが
接客以外の時に客の席に
座って休んでいる。

3軒目 → スイーツ店へ！ 辛発亭

〆はけーこちゃんオススメの
かき氷屋さん辛発亭へ。
1972年から営業している
レトロな雰囲気のお店。

回転が速いお店では、
横並びでの相席が基本。
辛発亭でも相席に。

観光客っぽい
カップル

向かい合わせの
相席慣れない！

スプレーチョコ

フワフワのかき氷
ピーナッツ味が
すごくさっぱり。

ピーナッツの
かき氷を注文。
2人で1つを
ペロッと
平らげました。

花生牛乳冰 70元

メニューも
相席仕様になっている。

同じ内容

辛発亭

辛発亭

下

上

下

上

どこの夜市でも食べられるおすすめグルメ

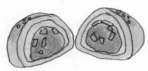

【大雞排】
とにかく大きいけれど
サクサクの鶏のフライ！

【胡椒餅】
パイ生地の中に胡椒で
味付けされたネギと肉が
入っている。食べ歩きに
ぴったり！

【蚵仔煎】
カキはプリプリ。
生地も軽い！

【臭豆腐】
匂いが強烈！
私はまだ慣れません……。

くさっ！

【魯肉飯】
お店によって味が違います。
好みのお店を探すのが
楽しいです。

おすすめ夜市

饒河街観光夜市	ごはんも買い物も楽しめる夜市。 細い棒を束ねたもので上半身をバシバシ叩かれるマッサージを 受けたことがあります。罰ゲームのようでした（笑）。
寧夏夜市	飲食がメインの夜市。中山駅に近くアクセス良し。 棒餃子が気に入って通い詰めたことがあります。
通化街夜市 （臨江街観光夜市）	台北101の近くにある夜市。ややツウの人向け。 ごはんもお買い物も楽しめます。 かき氷の上に団子が乗ったスイーツが美味！
華西街観光夜市	超ディープな夜市。装飾がギラギラ、飲食店とエロいお店が 一緒に並んでカオス！　アーケードになっているので 雨の日も安心です！

京劇を楽しむ！
台北戯棚（タイペイ・アイ）

右側の
プロジェクターに
中国語と日本語が
表示される。
劇場の収容人数は
300人ほど。

自由席なので、
良い席でみたい場合は
早めに確保を！
私が行った時は、
山形の高校生が
修学旅行で
観覧していました。

今まで
『西遊記』や起承転結の
わかりやすい伝説物を
観劇しました。

孫悟空の動きが軽快！
バック転までしていました。

ちょっとドジな
ところもある
キャラクター。

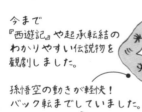

今回メインの
役者さん。
とてもきらびやかな
衣装で、小股で素早く
動きます。
リズムに合わせて
何度も決めポーズ！

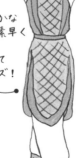

役者全員が揃うカーテンコール！とてもきらびやかです。

台湾に行き始めて2、3回の頃、台北戯棚（タイペイ・アイ）に初めて行きました。ここでは中国伝統舞台芸術、いわゆる"京劇"が気軽に見られるのです。
親しみやすい演目内容が多く、役者さんとの距離の近さも魅力的！開場から開演までの30分間で、役者さんの着替えやメイクの過程が見られたり、楽器の生演奏が聴けたり、衣装を着て写真を撮れたり、盛り沢山！
美しい衣装、早着替え、アクション……とにかく目が離せません。小気味良い生演奏に合わせた演者の細かな動きも見ものです。
当日券でも入れますが、インターネットでの事前予約がおすすめ。日本語サイトがあるので予約も簡単ですよ。

台北戯棚（P7）
台北市中山區中山北路二段113號3階
http://www.taipeieye.com/
℡：02-2568-2677
料金：550元（月曜・水曜・金曜）、880元（土曜）
休：火曜・木曜・日曜

観劇前のおもしろ体験

入り口からドーンと
大きな鬼「千里眼」「順風耳」が
お出迎え。この二鬼神は、
航海の守護神「媽祖」を守る鬼。
大きくて超存在感あり！

これから出演する
役者さんたちの
メイクが見られます。
開演に間に合うよう
大急ぎでメイク！
みるみる仕上がって
いきます。

役者さんが顔にペイント
してくれるコーナーも。
ちょっとやってみたい！と
思ったのですが、
帰り道のことを考えて
見るだけにしました。
若い子たちはやっていたな〜。

メインの役者さんのメイクも見られます。
ヘアメイクさんが役者さんに
海苔みたいな付け毛をセットして
いたのが印象的でした。
役者さんの立ち振る舞いから、
ちょっとわがまま
アイドル風に見えた
のは気のせい！？

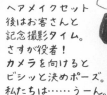

ヘアメイクセット
後はお客さんと
記念撮影タイム。
さすが役者！
カメラを向けると
ビシッと決めポーズ。
私たちは……うーん。

演奏コーナーも
ありました。
生演奏が間近で
聴けます！
美しい音色〜♪

行くタイミングで
演奏される楽器が
異なるのですが、
琵琶、二胡、古箏など。

衣装が着られるコーナー。
こちらは台湾の婚礼衣装。
けーこちゃんと着てみました。
頭の装具がとっても重たい！

迪化街（ディーホアジュ）

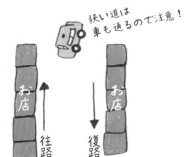

狭い道は
車も通るので注意！

お店 ↑ 往路

お店 ↓ 復路

レンガの
レトロな建物

撮れた～！

提灯屋さん
提灯がたくさん
あってお店の中が
外から見えない。

エコバッグは
忘れずに
持参しよう！

ECO BAG

歩きやすい
靴で！

台湾に行く度に毎回訪れていると言っても過言ではない迪化街。問屋や商店、飲食店もあり、買い物好きにはたまらないエリアです。
迪化街一段という道の両脇にお店がずらっと並んでいて、私は大体永楽市場あたりから迪化街新天地までを往復します。

往路は左側に並ぶ店、復路は右側の店という感じで見て行きます。
とにかくお店が多いので飽きません！開発が進んでいて、行く度に新しいお店ができています。
古くてレトロな建物が多く、それらを見ながら歩くのも楽しみの一つです。

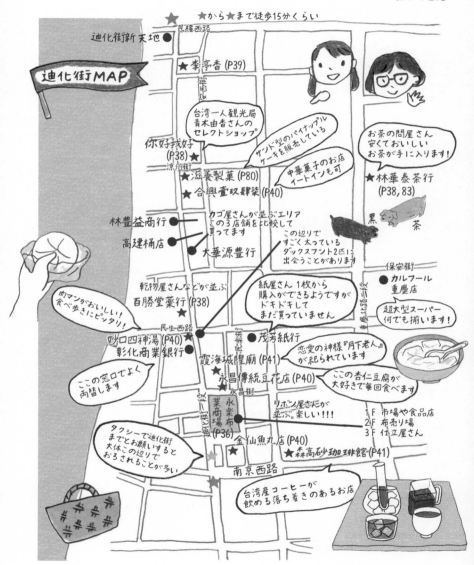

★から★まで徒歩15分くらい

迪化街新天地

迪化街MAP

★李亭香 (P39)

台湾一人観光局青木由香さんのセレクトショップ

サンド型のパイナップルケーキを販売している

你好我好 (P38) ★

滋養製菓 (P80) ★

合興壹玖肆柒 (P40) ★

中華菓子のお店イートインも可

お茶の問屋さん安くておいしいお茶が手に入ります!

★林華泰茶行 (P38, 83)

黒茶

林豊益商行

高建桶店

大華源豊行

カゴ屋さんが並ぶエリアこの3店舗を比較して買ってます

この辺りですごく太っているダックスフント2匹に出会うことがあります

保安街

カルフール重慶店

乾物屋さんなどが並ぶ

百勝堂薬行 (P38)

紙屋さん 1枚から購入ができるようですがドキドキしてまだ買っていません

超大型スーパー何でも揃います!

肉マンがおいしい!食べ歩きにピッタリ!

妙口四神湯 (P40)

彰化商業銀行

茂芳紙行

霞海城隍廟 (P41)

恋愛の神様『月下老人』が祀られています

ここの窓口でよく両替します

永昌傳統豆花店 (P40)

ここの杏仁豆腐が大好きで毎回食べます

リボン屋さんが並ぶ。楽しい!!!

1F 市場や食品店
2F 布売り場
3F 仕立屋さん

タクシーで迪化街までとお願いすると大体この辺りでおろされることが多い

永楽布業商場 (P36)

金仙魚丸店 (P40)

★森高砂珈琲館 (P41)

南京西路

台湾産コーヒーが飲める落ち着きのあるお店

35

永楽布業商場（永楽市場）へ行ってみよう！

迪化街の目印にもなる永楽市場は、1階に市場、食品店などが並び、2階に布屋さん、3階に仕立屋さんがあります。4階は2019年秋現在改装中（以前は飲食店が並んでいた）。

老竹子發包子

ひっきりなしにお客さんが来ている。

台湾に住んでいたらまとめ買いするだろうなぁ！

大きめサイズ

肉まんや蒸しパン、粉もの系を5、6個まとめて売っている。

1階は生鮮食品＆飲食店

北平小館は以前は永楽市場の4階にあり、何度も通っていたお店。お店の名前を覚えていなくて、改装後どこに移転したのかわからず悶々としていました。が！自作旅ノートに店名をメモしていたことを思い出し、調べてみたところ1階に移転していたことが判明！一方的に再会を喜びふたたび常連になったのでした。

北平小館

水餃子がおすすめ！

台湾啤酒のグラス小ぶりでグラスが厚めです。

右も左も
布！布！布！

2階は手芸好きの天国

2階は布屋さんがびっしりと並んでいます。花布の生地や小物をメインに取り扱っているお店も多く、お土産になどピッタリです。

布が安いので手芸好きには天国！チャイナドレスに仕立てられそうな高級布、日本では見ないプリント生地、はたまた日本製の布も売っています。見物だけでもおすすめです。

3階は
仕立屋さんが
メイン

観光客もぐっと減り、閑散としていますが、仕立てている人を見たり、仕事をしている姿を見るのも楽しいです。
ここは各階にトイレがあるので、覚えておくと便利です。

大きな台の上で
アイロンをかけるおばちゃん。

迪化街でいつも買うもの

いつも買うものをご紹介します!

金針菜（乾燥）

鉄分が豊富。
貧血気味の
私には
ピッタリで
スープや炒め物に使います。
色が鮮やかなものを見つけたら
買っています。

百勝堂薬行のドライフルーツ

ドライフルーツは
いろいろなお店で
売っていますが、
ここで買うことが
多いです。

台湾産の愛文芒果
(アップルマンゴー)。
グラムで購入!

ジップロックみたいな袋に
入っています。
試食もOK!

花生酥

台湾一人観光局
青木由香さんのお店、
你好我好で買ってから
すっかりトリコに!
ピーナッツバターを
固めたようなお菓子で
サクサクです!
毎回必ず買って帰ります。
家族からも毎回
頼まれます。

林華泰茶行のお茶

迪化街の中心エリアから
少し離れているものの
毎回訪れるお茶屋さん。

問屋さんなので
安くておいしい
お茶が買えます。
大量販売がメインですが
150gからの購入も
可能です。

上半身裸で
梱包作業をするおじさん。

李亭香の平安亀

寿と書いてある！
めでたい！

迪化街一段のはじの方にある
菓子店。ここの「平安亀」は
濃厚なピーナッツ味で、
コーヒーにも合います。
バラ売りしていて
1つずつ買えるのも嬉しい！

店先にお菓子の型が置いてあり、
自由に触ったり、
紙をのせてクレヨンでなぞったり
できるのです。楽しい！

干しエビ

迪化街のあちこちで
売っている干しエビ。
日本で買うと高いので
母親にいつも頼まれて
購入しています。
台湾料理でも
多く使われています。

リボンを買ってみる

使う予定もないのに見るとどう
しても買いたくなってしまうリ
ボン。
迪化街にはリボンを扱っている
お店が並ぶエリアがあり、そこ
に行くとついつい楽しくて、見
入ってしまい、軽く1、2時間
は居座ります。

今回買ったリボン！

39

迪化街でいつも食べるもの いつも食べたくなるものをご紹介します。

永昌傳統豆花店の杏仁豆腐

使い捨て
プラスチックの
スプーン

\持ち帰りもOK/

日本ではそれほど
杏仁豆腐を食べない
のですが、行く度に
食べたくなります。
軽くて優しい味わい。
ペロッといけます。

妙口四神湯の肉まん

食べ歩きにバッチリ！

迪化街を散策
していると
ちょうど中間
あたりで路上販売
しています。
セイロから湯気がでているのを
見るとついつい買いたくなる！
1個から買えます。

金仙魚丸店のエビ巻

エビ好きの姉に
連れられ入ったお店。
プリプリのエビ巻。
一緒に頼んだスープも美味しかった～
永楽市場のすぐそばです！

合興壹玖肆柒の蒸し菓子

黒米ピーナッツ
55元

出来立てだと
さらに美味!!

赤キヌアメープル
55元
シュガー黒豆

店内で蒸しているので、
蒸気がモクモクと立ち込めています。
1個から買えて、売り場横で
イートインできます。

レトロな
お店の看板。

仙金

森高砂珈琲

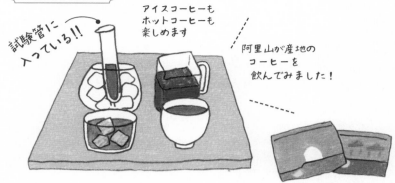

試験管に入っている!!

アイスコーヒーも
ホットコーヒーも
楽しめます

阿里山が産地の
コーヒーを
飲んでみました!

お土産に
ドリップパックも
売っています。

台湾産コーヒーが飲めるお店。
迪化街から少し離れた場所にあります。
高雄、阿里山、花蓮などで作られたコーヒーを
10種類くらいの中から選べます。
値段は高めです(250元〜400元くらい)。
日本語の説明あり。

コーヒー豆も買えます。
空港で手荷物に入れていたら
チェックが入りました。
OKでしたけどドキドキしたー。

月下老人を参拝しよう

迪化街の中心に霞海城隍廟があり
ます。こちらには恋愛成就で有名な
月下老人が祀られていて、良縁を願
う人でいつも賑わっています。参拝
の仕方は日本語でも書いてあります
からご安心を。廟の横で振る舞われ
るなつめ茶はホッとする味。

なつめ茶

大人気のノスタルジックな街
九份（チゥフン）

3回目の九份。
過去2回はツアーで、
今回は台北駅から電車+タクシーで
行ってみました!

混雑を避けて、朝一で九份へ

台鉄は、新しい車両から古い車両まで
色々なタイプがあります。

自強号（指定席車）が
新しい車両とは限りません。

日本と同じように
指定席の切符は大きく、
快速切符は小さい。

購票證明章

↓

ハンコ

台北駅から台湾鉄道で
台北→瑞芳まで乗車
・区間快速で49元
・自強号は74元←全席指定

自強号は事前にWEB予約もできますが、
良い時間帯は席が埋まってしまいます。
この日は事前に買えず、当日、駅の
券売機で区間快速の切符を購入。
時刻は台鉄のWEBで時刻表をチェック。

切符を記念に持ち帰りたい時は
「購票證明章」というところにある
青いハンコを押せばOK。

電車旅楽しい!

車窓の景色が
変わるのが心地よい。
どんどん緑が
多くなってくる……!!

瑞芳駅からはタクシー205元。
値段は一律で決まっています。
駅前に並んで停車
しているタクシー
に乗ろう!

山道を登って行く。
駅から15分なのであっという間に到着!

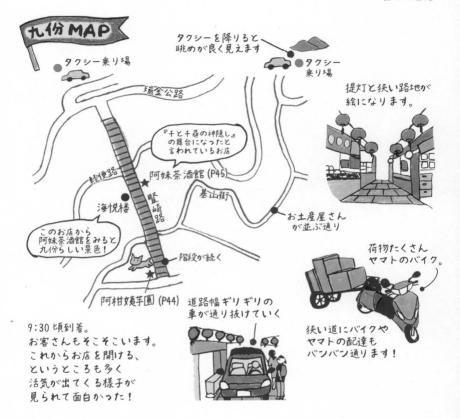

九份MAP

タクシー乗り場

タクシーを降りると
眺めが良く見えます

タクシー
乗り場

瑞金公路

提灯と狭い路地が
絵になります。

『千と千尋の神隠し』
の舞台になったと
言われているお店

郵便路

阿妹茶酒館 (P45)

基山街

海悦楼

豎崎路

このお店から
阿妹茶酒館をみると
九份らしい景色!

お土産屋さん
が並ぶ通り

荷物たくさん
ヤマトのバイク。

階段が続く

阿柑姨芋圓 (P44)

道路幅ギリギリの
車が通り抜けていく

狭い道にバイクや
ヤマトの配達も
バンバン通ります!

9:30頃到着。
お客さんもそこそこいます。
これからお店を開ける、
というところも多く
活気が出てくる様子が
見られて面白かった!

九份は、提灯と石の階段、レトロな建物がとても絵になる山間の街です。スタジオジブリのアニメーション映画『千と千尋の神隠し』のモデルになったとも言われ、映画を彷彿とさせるノスタルジックな雰囲気にとてもワクワクします。
こぢんまりとした場所なので、主要な場所はすぐに回れます。

台北市内の観光とセットで訪れる人が多く、また、人気な観光地だけに、常にたくさんの観光客がいます。午後から夜にかけてはかなりの混雑っぷり!
台北市中心から約40キロ離れているので、ツアーに参加するか、主要交通機関で行くか。ご自身にあった方法で訪れてみてください。

九份と言えばやはりこの景色！
写真を撮りたくなります！

（大きな声では言えませんが）基山街はちゃらいお土産屋さんも多いので、
サクサク通る。ちょっと横道には雰囲気が良かったリレトロな建物が。

阿柑姨芋圓

けーこちゃんオススメのお店。
芋圓＋綜合豆
（紅豆＋緑豆＋大豆）を注文

芋圓は
モチモチ

氷が入って
いる

豆

芋圓は九份の名物。
タロイモで作った団子。

↖店内からの絶景！！

イスがすごく
ガタガタする（笑）。

44

阿妹茶酒館

『千と千尋の神隠し』のモデルになったと
言われている茶芸館・阿妹茶酒館でお茶をする。
お店の人が日本語で説明してくれるので
気軽に楽しめます。好きな茶葉を選び、
自分で淹れます。

足元にお湯が
温めてあるので
それを使う。

茶芸館の人が教えてくれた
お茶の淹れ方

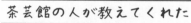

入口から
雰囲気満点！

入口のお面、迫力あり!!

お湯を入れて温める。
そして、器（茶杯）と
香りをかぐ器（聞香杯）も
温める。

急須の1/4に
茶葉を入れる。

お湯を入れて
1煎目はすぐに捨てる。
（茶葉を洗うため）

20秒

2煎目は20秒むらす。
聞香杯に入れて
茶杯をかぶせひっくり返し
空になった聞香杯で香りをかぐ。

3煎目→30秒むらす
※3回目以降は香りはかがない
4煎目→40秒むらす
5煎目→50秒むらす
※6煎目まで飲める

45

十分（シーフェン）

ランタン上げ、十分瀑布…
見どころたくさん！

ランタンを上げに十分へ

台北駅から台湾鉄道で
台北→瑞芳（縦貫線）
瑞芳→十分（平渓線）
に乗車

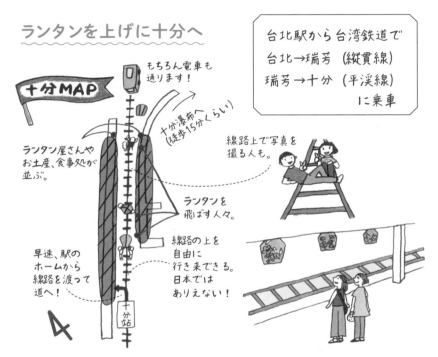

十分MAP

もちろん電車も
通ります！

十分瀑布へ
（徒歩15分くらい）

ランタン屋さんや
お土産、食事処が
並ぶ。

線路上で写真を
撮る人も。

ランタンを
飛ばす人々。

早速、駅の
ホームから
線路を渡って
道へ！

線路の上を
自由に
行き来できる。
日本では
ありえない！

十分站

台北からランタン上げで有名な十分へ。
九份と同じく、電車で向かいます。
十分も人気の観光地なので良い時間帯の
電車は混んでいます。台北駅から瑞芳駅
まで指定制の自強号に乗車したものの、
一緒に予約したけーこちゃんとは席もバ
ラバラでした。瑞芳駅で乗り換えし、け
ーこちゃんとも合流できました。

瑞芳駅から十分に向かう平渓線のホーム
にはランタンが吊るされています。瑞芳
駅から十分駅の間に、車窓の緑が濃くな
っていきます。車内は観光客の人が多く、
にぎやか。
十分駅に着いたらホームから道路に行く
ために、線路の上を渡ります。日本だと
あまり出来ない体験に胸が高鳴ります。

線路を挟んで両脇には、ランタン屋
さんやお土産屋さんなどが並んでい
ます。値段の差はありません。
ランタンは思ったより大きくて、墨
と筆で文字を書いていきます。

1色 150元　　4色 200元　　8色 350元

値段が高くなる

この時は2人で1つにしたので
1つの面に半分ずつ
お願い事を書くことに。

洗濯バサミ

一面書いたら
裏返して書く

墨と筆

ハンガーラックを
改造したようなもの

ランタンは色ごとに
願い事の内容が変わります。
自分の望む事に合った
組み合わせをチョイスします。

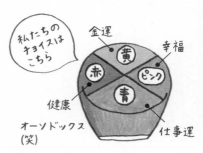

私たちの
チョイスは
こちら

金運

幸福

健康

仕事運

オーソドックス
(笑)

墨と筆なんて久しぶり！
筆先がすごく曲がっていました。

新しいのに
換えてほしい……。

ランタンの裏に固い台などもないので
しっかり書けずにイライラ……
職業病!?

47

同じお店にいた若い日本人の子たち。
願い事をすごくストレートに書いていました。
潔くて良いなぁ……。

30代の私たちは
つらつらと長い文章に
なってしまった。

けーこちゃん　　　私

書き終わったらいよいよランタンをあ
げに線路へ！
係の人がランタンの中に何重にもなっ
ている黄色い紙をセッティングし、そ
こに火をつけて準備完了！

黄色い紙に
赤い絵柄が入っている。
お守り札のようなものらしい。

係の人に「ケータイ、ケータイ」と言われ、
デジカメを渡したら、デジカメは拒否さ
れケータイで撮影してもらうことに。
3、2、1！でランタンを飛ばすと、あ
っという間に空へ！一瞬で小さくなりま
した。
願いが叶うと良いなあ！

このような感じで
ポーズをとり、空にランタンを
飛ばす。

ちなみに、最初に家族で行った時、親が
「娘が嫁にいきますように」と書いて私
は嫁にいきました。

ランタンを飛ばす線路には、1時間に1
回くらい電車が通るので、電車が近づい
てくると線路の上にいた人たちが一気に
どきます。日本ではありえないくらいの
距離で電車が見られます。

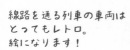

線路を通る列車の車両は
とってもレトロ。
絵になります！

台湾のナイアガラ十分瀑布

十分から歩いて20分くらいのところに
十分瀑布という滝があります。

途中の道にある
小学校。
学校の門が
ランタン柄。

滝に行く途中で買った
ミニアイス、手の平サイズで
食べやすい。台湾の
アイスキャンディーは
フルーツ味がおすすめ。

パッションフルーツ味

ヤクルト味

2個で50元

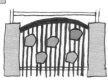

十分老街から徒歩20分ほどで着きます。
緑がせまる道や吊り橋を通り、
ハイキング気分が味わえます。
滝の周りの公園には、
食事ができるお店やお土産屋さん、
公衆トイレもあるので
ゆっくり過ごせます。

十分瀑布公園
新北市平渓區乾坑10號
営：夏季（6月〜9月）9:00〜18:00
　　冬季（10月〜5月）9:00〜17:00
入場無料

十分瀑布

十分瀑布公園

観瀑吊橋

つり橋から
電車が見える！

十分瀑布歩道

基隆河

平溪線

十分国
小学校

十分老街

50

大きな滝を前に、
マイナスイオンに
癒される人、
自撮り棒で
写真を撮る人、
様々です。

滝は高さも幅もあって迫力満点な上に、
マイナスイオンがすごくて最高でした。
特に暑い時期はおすすめです。

滝近くの食堂で見かけた大量のニンニク
が入った器。現地の人はニンニクを丸か
じりしながら甘辛いソーセージ焼を食べ
るのだそうです。

私もチャレンジしてみることに。ニンニ
クがピリリと辛くてビックリ！でも甘辛
いソーセージと良く合う。クセになりそ
うですが、しばらく口の中がニンニク臭
でした……。

たくさんの
ニンニク

ニンニクが
辛い!!

51

マッサージとシャンプー

李振堂（マッサージ）

何回も行っている李振堂。
足裏マッサージと角質取りを
お願いすることが多いです。

李先生

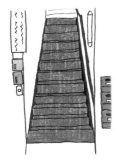

え？ここを昇っていくの？
という狭くて薄暗い階段。

怪しげなガラスドアを
開けて店内へ。

李先生は施術が上手いのはもちろん、
優しさが滲み出ていて、
行くだけで癒される！
一度訪問したら、こちらを
覚えていることも驚きです。
太極拳は賞を取るほどの腕前！
日本語はカタコトだけど
なんとなく通じます。
マッサージ歴25年！
李先生の本名は「李振堂」。
名前がそのまま店名でした！

ぜひともおすすめしたい足裏マッサージ
とシャンプー。
マッサージ店は個人店から大型チェーン
店まであり、街のあちこちで目にします。
私は個人店が肌に合いました。旅の疲れ
が溜まってきた頃に行きます。次の日足
がスッキリし、もう一踏ん張り街歩きを
楽しめるようになります。マッサージの
先生と顔見知りになり、毎回訪れると、
台湾に故郷ができたような気持ちになれ
るのが嬉しくもあります。

施術前に足湯とマッサージ。
このマッサージが気持ちいい。

マッサージはけっこう強め！

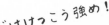

イテテテ

イテテテ、となると「ここは目です」
「ここは胃です」など、
カタコトで説明してくれる。
目の前に大きなツボ図解ポスターが
あるので、先生の言葉と照らし合わせ
ながらチェック。

ここが痛いと
いうことは……

角質取り

施術中にはお茶の
サービスがあります。

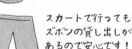

スカートで行っても
ズボンの貸し出しが
あるので安心です！

3本の刃を使って
見事に角質を
削っていく。

チーズのように
ポロポロと取れる角質。
恐ろしや……!!

終わった後は
かかとが
ツルツル！

李振堂（P7）
台北市中山區民權東路二段47號2階
TEL：02-2592-9841

支店
台北市大同區延平北路二段242號3階之5
TEL：02-2553-5647

営：11:00 〜 21:00
（事前予約は9時〜深夜0時まで可能）

休：水曜

＊営業時間と定休日は本店支店ともに同じです。
＊支店は完全予約制。

黒板には予約の一覧がぎっしり！
事前予約して訪れてみてください。

上越国際髪型（台湾シャンプー）

前から気になっていた台湾シャンプー。
士林夜市の近くの上越国際髪型という
お店に行きました。

入った瞬間、美容院の匂い。
世界共通この匂いは変わらないのだなあ。
寝たままのシャンプー(250元)と
座ったままでのシャンプー(350元)。
料金が違ったけれどせっかく
なので座ったままの方をお願いすることに。

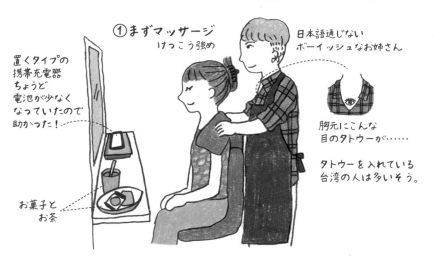

① まずマッサージ
けっこう強め

置くタイプの
携帯充電器
ちょうど
電池が少なく
なっていたので
助かった！

お菓子と
お茶

日本語通じない
ボーイッシュなお姉さん

胸元にこんな
目のタトゥーが……

タトゥーを入れている
台湾の人は多いそう。

台湾式シャンプーは、美容院で体験
できます。座ったままシャンプーを
し、髪の毛を高く上に伸ばして洗う
のが特徴です。思わず写真を撮りた
くなります！
旅の疲れを旅先で癒し、日本に戻っ
てからは疲れ知らずに出勤する、な
んてことも台湾では可能なのです！

② クリームを塗って
マッサージ

クリームが服の衿に
付きそうでヒヤヒヤ。
お気に入りの
服だったので……。
絶対ついてた……。

③シャンプー開始

ソースみたいな容器に
シャンプー液が入っていて
少しずつ出しながら泡立てていく。

液をたらさず
どんどん泡立って
いくのがすごい!

けっこう泡立っている
にも関わらず、
ずっと手で
モミモミする。

④シャンプー液が替わる

途中で違うシャンプー液に替わる。
理由はわからない(笑)。

途中ヘッドマッサージ的なものも。
かれこれ20分くらいは
シャンプーしていたかも!?
こんなにシャンプーに時間をかけて
もらったのは初めて!

⑤髪の毛を立てる!

念願の髪の毛を立てて写真撮影!
と思ったものの、
髪の長い私は一瞬で倒れました。
写真を撮る時間ももたなかった!

特にやり直しもなく……。

あー!

⑥ シャンプーを洗い流す

さすがに座ったままではなく
シャンプー台へ移動。

渡辺直美似の
お姉さん

⑦ ブロー

初めはシャンプーと同じ人が
担当していたけれど、
途中からベテランっぽい人と交代。

この人がとても上手くて、
ドライヤーの前と後、
ブラシを巧みに使い、
見事にカールっぽく
仕上げていく。

後

前

動きも無駄がなく
ずっと見ていたくなる！

⑧ 完成

普段自分では絶対やらない
今どき女子風の仕上りに！
始まりから終わりまで約1時間。

とてもスッキリするし、疲れも取れるし
素敵に仕上げてもらい大満足！
台湾旅で毎回、いや旅行中は
毎日通いたいぐらいでした。

完成

上越国際髪型　士林店 (P9)
台北市士林區文林路126號2階
TEL：02-2889-1031
営：12:00 ～ 21:00

56

親切な台湾の皆さん

台湾を旅行したくなる理由の一つに、台湾の皆さんが親切ということがあります。台湾で嫌な思いをしたことはほとんどなく、困った時に助けてもらえることが多くあります。

台南に行った時のこと。電車の切符を買うべく窓口の列に並び、「どう買うのだろう」と姉と話していたら、日本語の流暢な学校の先生（生徒を引率中だった）が買い方を教えてくれました。カルフールではカゴを持たずに商品を見ていたら、いつの間にか商品が手にいっぱいになってしまい、それを見かねたお店のおばちゃんが、カゴいる？今カゴを持ってくるからね！と言って、遠くからカゴを持ってきてくれたり。

中には、日本語を話したいだけなのかなぁ？という人もいて、たまにお節介に感じることもあるけれど、困っている人を助けようという姿勢は、私も見習わなければ、と思うのです。

活字ハンコを作ってみよう!

台湾で唯一活字を製造・販売している日星鑄字行。活字とは、活版印刷に使われる字型のことです。こちらのお店に行くと、店内に驚くほどの数の活字がずらっと並んでいます!また、繁体字の活字はこちらのお店だけで製造販売しているレアもの。店内の活字は購入することができ、その活字を組み合わせてオリジナルのハンコが作れるのです!

文字を選んで紙に書き、店員さんに渡すと、膨大な活字の中から瞬時に探してきてくれます。その活字をケースに入れてもらってあっという間に完成!お気に入りすぎて、また違うパターンの活字ハンコを作りに行きたいなぁと思っています。

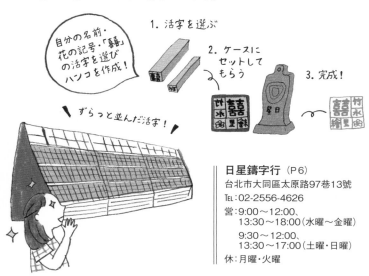

自分の名前・花の記号・「囍」の活字を選びハンコを作成!

1. 活字を選ぶ

2. ケースにセットしてもらう

3. 完成!

ずらっと並んだ活字!

日星鑄字行（P6）
台北市大同區太原路97巷13號
TEL:02-2556-4626
営:9:00～12:00、
　　13:30～18:00（水曜～金曜）
　　9:30～12:00、
　　13:30～17:00（土曜・日曜）
休:月曜・火曜

58

その国らしさがわかる
スーパーマーケット

台湾ではスーパーのことを超級市場と書きます。
カルフール (家楽服)、ウェルカムスーパー (頂好)、
全聯 (全聯福利中心)、
高級スーパーとして Jasons、CITY などがあります。

カルフール
(家楽服)

ウェルカムスーパー (頂好)

全聯 (全聯福利中心)

【乾燥豆乳】
けーこちゃんからお土産にもらって以来、
行くたびに買っている乾燥豆乳。
賞味期限内に豆乳を飲みきれない
私にはもってこいの品です。少し砂糖が
入っていますが、甘すぎません。

【マヨネーズ】
台湾のマヨネーズは日本に比べて甘い！
初めは、マヨネーズが甘いなんてと
思っていましたが、筍につけて食べてから
お気に入りになりました！

袋入りのものが多
いです。
こちらは使い切り
サイズの袋入り。

【リプトンのジャスミンミルクティー】
粉末のお茶にはちょっと抵抗がある
のですが（味が苦手なものが多い）、
これは断トツに美味しいです！

普段飲んだり、
登山やキャンプなどでも
活用しています。

【台湾限定 ホタテのほんだし】
珍しいのと、日常使いできるので、
お土産に喜ばれます。

【椒鹽粉】
塩胡椒にシナモンなどが
混ざった香辛料。屋台で食べる
フライなどにもかかっています。
家で揚げたものにかけたら
屋台の味が再現できるかも!?

【五香粉】
5種類のスパイスを混ぜていて、
八角、クローブ、シナモン、花椒、
チンピなどが入った香辛料。
この匂いを嗅ぐだけで、
あー!台湾だー!と感じます。

【乾燥タピオカ】
タピオカが自分で作れるなんて!
と思い、家で試しましたが、
失敗した上に、
見事に鍋を
焦がしました…

【日月紅茶】
日月潭名産の日月紅茶。
レトロなパッケージ。

【乾麺】
乾麺売リ場も種類が
とっても多い!
毎回ジャケ買いですが、
だいたいハズレはありません。
「日式」と書いてあるものは日本のもの、
もしくは日本風なので要注意!
こちらの商品にはスープも
ついていました。

スープ

カルフールで驚いたのが、
エスカレーターの手すりにも
商品が並んでいたこと。
選ぶのに瞬発力が必要です。

コンビニエンスストア

日本以上に多いかもしれないコンビニ。
日本でもお馴染みの
ファミリーマート、セブン−イレブン、
Hi・Life、OK-MART があります。

＼台湾でよく見かけるコンビニ／

 セブン−イレブン

 Hi・Life （萊爾富）

ファミリーマート（全家）

 OK-MART

店内は、日本にそっくりな造り。
唯一違うのが、こちらのコーナー。
だいたいお店の真ん中あたりに
スペースが確保されており、
おでん、茶葉蛋、
焼き芋などが
販売されています。
これらの温かい
商品は、年中販売
しているそうです。
暑いのにびっくり！

【おでん】
見た目は日本と
全く一緒ですが、
台湾独特の味。

【焼き芋】
台湾にも焼き芋が！
コンビニで買えるなんて
驚きです。

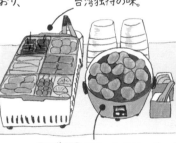

【茶葉蛋】卵を、お茶と八角、醤油などで
煮込んだもの。独特の味と香りがします。
八角苦手の人は厳しいかも……。

必ずと言って良いほど店内に
休憩スペースがあります。
ご飯を食べている人、
携帯電話を触っている人。
日本と変わらない風景です。
飲食店は店内が狭いのに、
コンビニには広々と
休憩スペースがあるのは
不思議だなぁと思います。

温かいものを
持ち帰る時
の袋。
不織布で
できています。
七夕飾りみたい。

【ドライフルーツ】
ミニサイズのドライフルーツ。
ドライフルーツは小袋が
意外と少ないので、とっても
重宝します。少しだけ
食べたい時や、お土産として
渡すのも良いです！

【ペットボトルのお茶】
お茶大国なので、
ペットボトルの
お茶も美味しい！
このシリーズはおすすめ。
たまに砂糖が入っている
甘いお茶もあるので気をつけて！

【カップ麺】
私はこのレトロ
パッケージが
大好きです。

【おにぎり】
台湾のコンビニにも
おにぎりが！日本では
見ないような包み方のものもあります。
こちらはどんぶりメニューをおにぎりで
楽しむというもの。

【スイーツ】
コンビニスイーツで
おすすめな中華豆花。
もともと豆花が好きなのですが、
ちょっと食べたいなーと
思った時にコンビニで発見！
優しい甘さとサイズ感が
お気に入りです。

【タピオカミルクティー】
コンビニでも
タピオカミルクティーが
飲めます！
レジで頼むと機械から
ドリンクを注ぎ作ってくれます。

ドラッグストア

街のあちこちにドラッグストアがあります。
便利なアイテムやバラマキ土産も見つかります。
営業時間も朝から夜遅くまでと長く、
旅行中の隙間時間に利用できますよ！

台湾でよく見かける ドラッグストア

COSMED（コスメド）

オレンジの看板が目印！

watsons（ワトソンズ）

水色の看板が目印！

Tomod's（トモズ）

日本でもお馴染みのトモズ。
私は普段も利用しているので
日本に戻ったような
不思議な気持ちになります。

シールを取る用具まで
付いています

【ニキビ用シール】
台湾の人がよく使っているニキビ用シール。
患部に貼って治す代物。
ニキビが出来やすい私は超愛用しています。
シールのサイズも様々で、出来たニキビの
サイズに合わせて使えるのも良い。

展示をした
ギャラリーの人も
顔にニキビシールが！

シールは透明ですが、
つけているとそれなりに
目立つので、家でのみ
使っています。
台湾では顔につけている人を
何人か見ましたが……！

【台湾限定の資生堂リップ】
日本には売っていないのと、
リップケースが可愛くて
ついついお土産に買って
しまいます。
キャラクターごとに色が異なります。
キャラと色と……毎度悩みます！

64

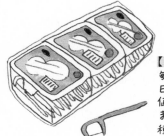

【デンタルフロス】
毎回台湾で調達するデンタルフロス。
日本より大容量で販売していて、
値段もお安いので
まとめ買いしています。
種類も日本より多い!

大容量のものを買って
無印良品の容器に
詰め替えて
使っています!

【菜瓜水】
菜瓜(ヘチマ)の化粧水。
初めはレトロなパッケージが
良いなと思って購入したのですが、
つけ心地がスッキリしていて、
肌にも合う〜!
台湾に行く度に購入しています。
安価なので量を気にせず
たっぷり使えるのも嬉しい!
けーこちゃんも愛用。

【コンタクト液の小分けバージョン】
コンタクト液を小分けにしたものが
10個くらい連結になった状態で
売られています。
コンタクトユーザーの私には
とっても便利!
台湾旅行中は現地調達。
余ったものは持ち帰って
国内旅行などで
使っています。

【フェイスパック】
日本よりパックの種類が多く、
小分けになっているものは、
友達のプレゼントとして
選ぶのも、旅行中に
使うのも楽しい!

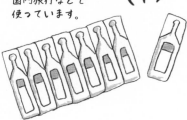

レトロかわいい！
花布グッズ

花布は、牡丹の花や鳥などを
モチーフにあしらった
台湾の伝統的な布です。
鮮やかな色とモチーフに心奪われます！

【花布柄の
クマやウサギの
キーホルダー】

柄のででかたで
個体に
差が……(笑)。

航空券も入る！

ビニール加工

初めての台湾旅行で
購入した
【花布のポーチ】
ずっと愛用中！
大きめサイズで
旅行にピッタリ！

柄のででかたで
印象が全く異なるので
よく吟味すること!!

【布】だけでも売っています。
裁縫好きな祖母に
バックに仕立てて
もらいました。

【花布柄のマスキングテープ】

台湾のお土産を
渡す時に貼れば
一気に台湾らしさが
でる！

【EILONG の
花布模様の茶器】

鶯歌の店舗で
持ち運べる
花布柄の
茶器セットを
購入！

けーこちゃんに
もらった【携帯うちわ】

ワイヤーの
バネを活かして
こんなに小さく
なって実用的！
手の平サイズ。

山やキャンプに
持っていこうかなあ！

悠遊カード

便利な必須アイテム

「悠遊カード」は日本の Suica のようなもので、
MRT、バス、電子マネー等として使える優れものです。
小さいチップさえ内蔵していれば良いので、
カード型以外にもキーホルダー型のものなど、
様々なタイプが売られています。

【スタンダード柄】
台湾に行きたての頃は
こちらのカードを
ずっと使っていました。

【ミニチュア
台湾ビール】
台湾ビール好きの
私へけーこちゃんが
くれた悠遊カード。
旅行中はカバンに
つけて、キーホルダー兼
悠遊カードとして
使っています。

【ぐでたま】
ぐでたま大好きの姉に
頼まれて買った悠遊カード。
キャラクターものも結構
揃っています！

【台湾ビール(缶)】
こちらは台湾ビール缶
バージョンの悠遊カード。
立体的ではなくカード型。
台湾缶ビールの
写真がドーン！
インパクト大です！

【モンスターボール型】
こちらはポケモンGOのモンスターボール型。
発売と同時にすぐ売り切れたそうです！
実物を見てみたい！

＼台湾でよく見かける／
生活雑貨店

生活雑貨のお店に行くと、日用品、化粧品、文房具、
お菓子などが揃っていてとても便利！
街のあちこちで見つかりますので、
ぜひ立ち寄ってみてください。

勝立生活百貨

勝立

金興発生活百貨

金興發
生活百貨

光南大批発

大同電鍋

【大同電鍋風小物入れ】
台湾の家庭に必ず1台はあると
言われている万能電気鍋の「大同電鍋」を
ミニチュアにしたような小物入れ。
家のインテリアにもぴったり！
こちらは生活雑貨のお店で
見つけましたが、
大同の専門店では
メーカーオリジナルが
販売されています。

【ナイロンバッグ】
台湾のお土産と言えばこれ！
というくらい有名なナイロンバック。
軽くて色もカラフル。
持ち手の表と裏側の色が
ちょっと違ったりと、細かい部分からも
目が放せません。野菜などを入れて
家のインテリアとして使っても！

茶葉を
入れる

【レンゲ】
食器がお手頃価格。
日本で買い忘れていたものを
買って帰ることも。
アルミで出来ていて、
1個10元！安い！

【ドリンクホルダー】
台湾のお土産として有名。
茶漉しが内蔵されており、
そこに茶葉を入れお湯を注いで
持ち運べるという代物。
上下が外れるように
なっています。
レトロなデザイン！

下の蓋をちゃんと
締めておらず、
カバンの中で溢れました。

【使い捨てパンツ】
おすすめされて買った使い捨てパンツ。
台湾の人は、旅行などに使い捨ての下着や
靴下を持参するそう。汚れているものを
持ち運ぶのがあまり良くない印象だそうです。
勧められるまま買ってみましたが、
まだ使っていません……。

使い捨てとはいえ
結構しっかりした作り!

書き味が良い!

【計算紙】
文房具売り場で見つけたこの計算紙、
薄くてしっとりした紙の風合いが良く、
サイズもいろいろあるので
メモ用紙や便箋として重宝しています!
紙の色は基本白色ですが、
ピンク色もありました。

【マスキングテープ】
made in TAIWAN のマスキングテープ。
マンゴーをモチーフにしていたり、
你好(ニーハオ)、謝謝(シェイシェイ)
などの文字が入っているものも。
お土産にも
喜ばれますよ!

【生姜の歯磨き粉】
けーこちゃんからもらったのが
きっかけで使うようになった
歯磨き粉。生姜の化粧品を販売している
薑心比心のもの。生姜好きな私には
たまらない商品!香りも良く、
使い心地もさっぱりしていて、
歯ぐきにも良い刺激が
与えられている感じがします。
薑心比心の他のコスメも
気になっています!

【チャック付きビニールパック】
赤いラインが1本入っている
なんてことないビニールパックです。
サイズ展開も豊富で、お菓子を小分けにしたり、
仕分けに使ったり、大活躍しています!

69

食のセレクトショップ
神農生活

神農生活 (MAJI TREATS)

台湾各地の選りすぐりの食品を販売している神農生活。
ここで買えば間違いなし！と言っても過言ではないほど、
素敵な品揃えです。立ち寄るとついいろいろと買ってしまい、
荷物が多くなります！

【原生小油菊茶】
喉を痛めやすい私、
菊が喉に良い
と聞いて探していたら、
こんな乾燥菊茶を発見。
飾っても◎
急須に入れて
お湯を注いで菊茶に。
乾燥の季節はこれで
乗り切ろうと思います。

【恒泰豊行の高級香酢】
なんだかレトロな
パッケージが気になって、
買ったお酢。
これが大当たり！
日本の酢よりまろやかで、
料理にも使いやすく、
とても重宝しています。
家で餃子を食べるときにも
アクセントになります。
すっかり手放せず、
切れては買い足しています！

【信成麻油廠の芝麻香油】
ちょうどごま油が切れた
タイミングで台湾に行き、
こちらの商品を購入。
使ってみると、ごまの香りが
高くてびっくり！
それもそのはず、
純度100％のごま油だそう。
芝麻香油は白胡麻油で、
黒麻油は黒胡麻油になります。
使っている時に蓋から
漏れやすいのが玉に瑕！

【馬告】
「見た目は黒胡椒に似ていて、
レモングラスの様な香りがするスパイス」が
台湾にあるとのことで探していたら、
神農生活で発見！早速購入したところ、
本当にレモングラスの様な香りがしました。
見た目からは想像できない爽やかさに
びっくり!!! スープに入れたり、
スイーツにパラパラっとかけてみたり、
色々と楽しめそうです。

70

【黄金魚子醤】
けーこちゃんからお土産で
もらった黄金魚子醤。
カラスミの醤です。
とても魅惑的な味で、
パスタに絡めても、
そのままご飯に乗せても
美味しい。なんとも
危険なお味です！

【豆豉】
台湾の料理で多く
使われている豆豉。
黒豆を発酵させたものです。
神農生活では少なめのサイズで
売っているのが嬉しい！
パッケージもレトロで、お値段も
手頃です。とってもしょっぱいので、
まずは少量で試してみるのが
おすすめです！

【KiKi 拌麺】
ジャケ買いした即席麺。
見た目も味も良し。
中は小分けに
なっているので、
バラマキ土産にも
いいかも！

【台湾バッグ
　神農生活バージョン】
台湾でよく見るナイロンの
メッシュバッグの神農生活
バージョン！　MAJI という
ロゴマークが入っています。

神農生活の
店内買い物カゴ。
お店の雰囲気にも
合っていて
買い物がさらに
楽しくなります！

【ミニセイロ】
肉まん1つ、小籠包3つくらいが
入るサイズです。
小物入れとしても使えそう！

神農生活 誠品南西店（P7）
台北市中山區南京西路14號4F
TEL：02-2563-0818
営：11:00-22:00（月曜～木曜）
　　11:00-22:30（金曜～日曜）

神農市場 圓山花博店（P9）
台北市中山區玉門街1號
TEL：02-2597-7126
営：10:30-21:00（月曜～金曜）
　　10:30-21:30（土曜・日曜）

スターバックス

台湾オリジナルのものが
いろいろ売られているスターバックス。
街のあちこちにあるので、
店ごとに比べるのも楽しい!

【キャラメルコーヒー
ミルフィーユが入っていた缶】
小物入れに使っています。
台湾の友達からのもらいもの。
もう売ってない!

【スターバックス
オリジナルの
パイナップルケーキ】

一口サイズの
パイナップルケーキが
6個入っています。
デザインも味も良くて
お土産にもオススメ!

【スタバのマークの月餅】が
売られていたことも。
でも高くて買えなかったー!!
立派な箱に入って
1400元 (約5,000円)
くらいでした。

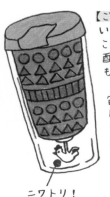

【ご当地タンブラー】も
いろいろありますが、
これは干支バージョン。
酉年の時に台湾の友人から
もらいました。

宙に浮くニワトリ!
旧正月の頃に
干支グッズが
販売されるそう!

ニワトリ!

お手軽サイズの
【エッグロール】
スタバのものだと
大体誰にあげても
喜んでもらえる。

【桜モチーフ】のものは
台湾でも人気。
日本からお土産に
買って行ったら
台湾でも売っていた。

ずっと愛用している
ヂェン先生の洋服

数年前にスカートを購入してからすっかりファンになったヂェン先生の洋服。
デザイナーである鄭惠中 (ヂェン・ホエジョン) 先生の台北郊外にあるアトリエ
惠中布衣文創工作室で作られています。飽きのこないデザイン、
素材の素朴さ、染色の美しさがあいまってずっと愛用しています。

アトリエの入り口は小さく、
特に看板も出ていないので、
うっかり素通り
しそうになります。

初めて買ったヂェン先生の
スカート。かなりの回数着ています。
自転車の後輪に巻き込まれて破い
てしまったのですが、
縫ってまた着ています！

アトリエ内は、
美しい洋服たちが
色ごとに並んで
います。

キツネ色のパンツ。
ポケットがあるので便利です。
こちらもかなりの
回数着ています。

紫色のスカート。
生地が薄めです。
1500 元

アトリエにはヂェン先生が
いることも。気さくに
対応してくれます。

店員さんが穿いていて、
良いなぁ！と思い
購入したキュロット。
夏に大活躍　1200 元

日本から来ている
バイヤーさん。
大きい袋に目一杯
購入して
いました。

惠中布衣文創工作室
新北市中和區中山路三段
179巷15 號
Tel：02-2225-3839

台湾フルーツの旬

台湾は年中暖かいので、いろいろなフルーツが食べられます。まさにフルーツ天国！日本ではなかなか見ないものや、日本で食べられたとしても鮮度が抜群に違うので味が全く異なるものなど、食べるに値するものばかり！自然豊かなエリアに行くと、バナナがそこら中になっていて驚いたこともありました。

旬を知っていれば、何を食べるべきかわかります。

お店のメニューから見つけて注文するのもよし、スーパーや市場、青果店で購入しホテルで食べることも可能です。ホテルの人にお願いすると切ってくれますよ。

ぜひ台湾で新鮮なフルーツを味わってみてください！

1月	蓮霧（梨を酸っぱくしたような味）	7月	火龍果（ドラゴンフルーツ）
2月	柑橘（みかんなどの柑橘系）	8月	葡萄（ぶどう）梨
3月	洋香瓜（メロン）イチゴ	9月	香蕉（バナナ）パッションフルーツ
4月	木瓜（パパイヤ）パイナップル	10月	釈迦頭（バンレイシ）柿
5月	芒果（マンゴー）	11月	番石榴（グアバ）
6月	荔枝（ライチ）	12月	棗子（なつめ）

POST CARD

料金受取人払郵便

小石川局承認

9109

差出有効期間
2021 年
11 月 30 日まで
(切手不要)

１１２ー８７９０

１２７

東京都文京区千石 4 -39-17

株式会社　産業編集センター

出版部　行

ılıl·ll·l·ılılılı·ll·lı·lılılılılılı·lılılılılılıl

★この度はご購読をありがとうございました。
お預かりした個人情報は、今後の本作りの参考にさせていただきます。
お客様の個人情報は法律で定められている場合を除き、ご本人の同意を得ず第三者に提供する
ことはありません。また、個人情報管理の業務委託はいたしません。詳細につきましては、
「個人情報問合せ窓口」(TEL：03-5395-5311〈平日 10:00 ～ 17:00〉) にお問い合わせいただくか
「個人情報の取り扱いについて」(http://www.shc.co.jp/company/privacy/) をご確認ください。

※上記ご確認いただき、ご承諾いただける方は下記にご記入の上、ご送付ください。

株式会社 産業編集センター　個人情報保護管理者

ふりがな
氏 名

（男・女／　　　歳）

ご住所　〒

TEL：

E-mail：

新刊情報を DM・メールなどでご案内してもよろしいですか？　　□可 □不可

ご感想を広告などに使用してもよろしいですか？　　□実名で可　□匿名で可　□不可

ご購入ありがとうございました。ぜひご意見をお聞かせください。

■ お買い上げいただいた本のタイトル

ご購入日：　　　年　　月　　日　書店名：

■ 本書をどうやってお知りになりましたか？

□ 書店で実物を見て
□ 新聞・雑誌・ウェブサイト（媒体名　　　　　　　　　　　　　）
□ テレビ・ラジオ（番組名　　　　　　　　　　　　　　　　　　）
□ その他（　　　　　　　　　　　　　　　　　　　　　　　　　）

■ お買い求めの動機を教えてください（複数回答可）

□ タイトル　□ 著者　□ 帯　□ 装丁　□ テーマ　□ 内容　□ 広告・書評
□ その他（　　　　　　　　　　　　　　　　　　　　　　　　　）

■ 本書へのご意見・ご感想をお聞かせください

■ よくご覧になる新聞、雑誌、ウェブサイト、テレビ、 よくお聞きになるラジオなどを教えてください

■ ご興味をお持ちのテーマや人物などを教えてください

ご記入ありがとうございました。

美味しい台湾

大好き！ 小籠包

台湾と言えば小籠包！
美味しくて手軽に食べられるのが嬉しい。
人気店は常に満席で賑わっています。

店内の様子

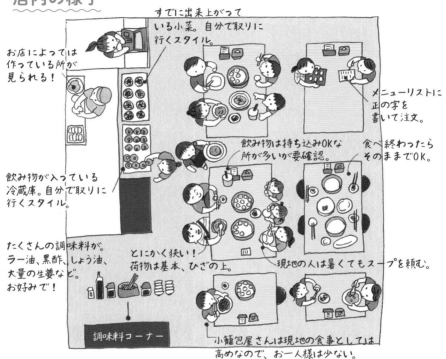

お店によっては
作っている所が
見られる！

すでに出来上がって
いる小菜。自分で取りに
行くスタイル。

メニューリストに
正の字を
書いて注文。

飲み物が入っている
冷蔵庫。自分で取りに
行くスタイル。

飲み物は持ち込みOKな
所が多いが要確認。

食べ終わったら
そのままでOK。

たくさんの調味料が。
ラー油、黒酢、しょう油、
大量の生姜など。
お好みで！

とにかく狭い！
荷物は基本、ひざの上。

現地の人は暑くてもスープを頼む。

調味料コーナー

小籠包屋さんは現地の食事としては
高めなので、お一人様は少ない。
一人で食べている人は観光客の可能性大。

机の上にある
メニューリストに
正の字で数字を書いて
店員さんに渡す。
日本語メニュー表がある
お店が多いです！

小籠包にたっぷりの
生姜をのせて
レンゲで頂きます！
体に良いと思い、
ついつい欲張って
たくさんのせちゃう！

鼎泰豊

日本でも有名なお店。
どの店舗も混んでいる
イメージ。
でも一度は
行っておきたい。

鼎泰豊 南西店 （P7）
台北市中山區南京西路12號
新光三越南西店1館 B2階

TEL：02-2511-1555

営：11:00 〜 21:30 （月曜〜木曜・日曜）
　　11:00 〜 22:00 （金曜・土曜・祝前日）

休：無休

明月湯包

肉の味がしっかりしています。
エビとヘチマの小籠包は
あっさりしていて
パクパクいける。
人気店なので
並ぶ可能性大！

明月湯包 （P8）
台北市大安區基隆路
二段162巷4號

TEL：02-2511-1555

営：11:00 〜 14:00
　　17:00 〜 21:00

休：月曜

高記

焼小籠包がイチオシ。
とってもボリューミーでお腹いっぱいに
なります！肉マンみたいに皮が厚い!!

高記 永康店 （P9）
台北市大安區永康街1號

TEL：02-2341-9984

営：9:30 〜 22:30 （月曜〜金曜）
　　8:30 〜 22:30 （土曜・日曜）

休：無休

露店や朝ごはん屋さん

小籠包専門店に行かなくても
食べられる。露店や朝ごはん屋さんは
少量で頼めるので、メニューにあれば
頼んでみよう！一人旅行の場合も
おすすめ！

豆漿

台湾の朝ごはんで人気の豆漿は、
しょっぱい豆乳の事。
体に優しい舌触りと味が病みつきになります。

豆漿店

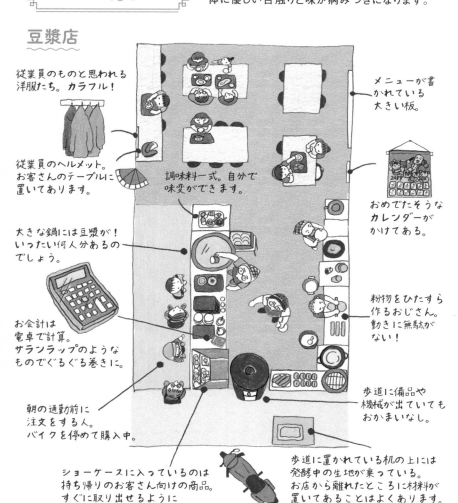

従業員のものと思われる
洋服たち。カラフル！

従業員のヘルメット。
お客さんのテーブルに
置いてあります。

調味料一式。自分で
味変ができます。

大きな鍋には豆漿が！
いったい何人分あるの
でしょう。

お会計は
電卓で計算。
サランラップのような
ものでぐるぐる巻きに。

朝の通勤前に
注文をする人。
バイクを停めて購入中。

ショーケースに入っているのは
持ち帰りのお客さん向けの商品。
すぐに取り出せるように
なっています。

メニューが書
かれている
大きい板。

おめでたそうな
カレンダーが
かけてある。

粉物をひたすら
作るおじさん。
動きに無駄が
ない！

歩道に備品や
機械が出ていても
おかまいなし。

歩道に置かれている机の上には
発酵中の生地が乗っている。
お店から離れたところに材料が
置いてあることはよくあります。

阜杭豆漿

鹹豆漿

甜豆漿

薄餅夾蛋

鹹豆漿 一
甜豆漿 熱 一
薄餅夾蛋 一

私はいつも紙に食べたい
ものを書いて渡しています。
注文間違いもないので、
おすすめです。

豆漿と言ったらこのお店！というくらいの
有名店です。人気店のため、かなりの時間
（1時間とか）待つことになります。
ただ、並ぶだけの価値はあります！
並びながら作っているところを
見られるのが楽しいです。

阜杭豆漿（P7）
台北市忠孝東路一段108號2階
Tel：02-2392-2175
営：5:30 ～ 12:30
休：月曜、旧正月、端午節、中秋節

四海豆漿大王

甜豆漿

小籠包

鹹豆漿
ぶくぶくして
いるのが
印象的

台北市中心からアクセスが良いお店です。
水餃子を少量から頼めるので、
豆漿とセットで注文してみました。
観光客も地元の人も来るお店です。
並ばずに入店できますよ！

四海豆漿大王（P7）
台北市大同區長安西路29號
営：6:00 ～ 21:30（月曜～土曜）
　　6:00 ～ 13:00（日曜）

信陽街永和豆漿

荷包蛋

鹹豆漿

油條

台北駅から徒歩で行けるお店です。
朝から活気があり、お客さんも次々に
訪れますが、並ばずに入れました。
豆漿は上品な味付けが印象的でした！

信陽街永和豆漿（P6）
台北市信陽街11號

台湾の人たちは、朝ごはんをお店で食
べてから出社、買ってから出社すると
いう習慣があるため、あちこちに店が
あります。朝ごはんは色々ありますが、
中でもオススメなのが豆漿！その食感
はおぼろ豆腐のようでもあり、優しい
舌触りと味が病みつきになります。お
店によって味が異なるので、お気に入
りを見つけるのも楽しいですよ。

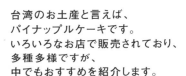

バラエティ豊かな
パイナップルケーキ

微熱山丘

台湾のお土産と言えば、
パイナップルケーキです。
いろいろなお店で販売されており、
多種多様ですが、
中でもおすすめを紹介します。

こちらのパイナップルケーキは大人気！
果実感のあるジューシーな中身が魅力です。
お店に行くと丸々1つを試食でき、
お茶まで出してくれるのです。
ちょっと休憩がてらに寄ったりもします
（寄ると買っちゃうんですよね〜）。
日本にも店舗があります。

ホテルオークラプレステージ台北

一つ一つ違う柄の箱に
パイナップルケーキが
入っています

微熱山丘（P8）
台北市松山區民生東路五段36巷4弄1號1階
TEL：02-2760-0508
営：10:00 〜 20:00

何と言ってもパッケージが
素敵です。お土産用に買って、
相手に柄を選んでもらうのも
楽しそう。味ももちろん
ホテルクオリティ。

ホテルオークラ
プレステージ台北（P7）
（大倉久和大飯店）
台北市中山區南京東路
一段9號1F
営：8:30 〜 20:30

試食で
ミニサイズが
いただけます。

滋養製菓

滋養製菓（P6）
台北市大同區迪化街
一段247號
TEL：02-2553-9553
営：9:00 〜 19:00

迪化街にある和菓
子店が販売している
サンド風ケーキ。
クッキー生地に
パイナップル餡が挟まれていて、かなりの進化系。
店内は日本の和菓子店そのもので、
大福やどら焼きも売られています。
いつもと違うパイナップルケーキをお探しの方、
いかがでしょうか？

李製餅家

100年以上続く老舗の菓子店。
お店は通り沿いにあり、
店舗と露店の間という雰囲気で、気軽に
購入できます。元祖パイナップルケーキ！と
いう感じのレトロなパッケージ。
　値段・味ともに親しみがもてて
　老若男女に喜ばれそうです。

李製餅家（P7）
台北市中山區林森北路156號
TEL：02-2537-2074
営：10:30 〜 21:30
休：無休

一番屋

お茶屋さんが販売。
パッケージが超キュート！
パイナップル柄の箱に
入れてくれるのです。
色々な味があって、
選んで箱詰めできます。
試食もたくさんできます。
納得いくお買い物ができますよ！

一番屋（P7）
台北市中山區中山北路二段45巷33號
TEL：02-2567-5388
営：10:00 〜 22:00（日曜18:00まで）
休：無休

手天品社區食坊

最近のお気に入り。
見た目は素朴ですが、
一口食べると、
こだわり抜いた素材を
使っているのが
伝わってきます。
プレーンとくるみ
入りがあります。

有料ですが、
切り絵風の箱に
入れてもらう
ことも可能。

包装は
エコの観点から
簡素です。

手天品社區食坊（P9）
台北市大安區潮州街188-1號
TEL：02-2343-5874
営：9:30 〜 20:00（月曜〜木曜）
　　9:00 〜 21:00（金曜）
　　9:00 〜 18:00（土曜）
休：日曜

福田一方鳳梨酥

お店から甘い匂いがするここは、
パイナップルケーキ専門店です。
店内で焼いています。
出来たてを一つからでも購入可能。

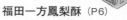

福田一方鳳梨酥（P6）
台北市大同區重慶北路二段71-1號
TEL：02-2556-5121
営：10:00 〜 23:00
休：無休

こだわりの お茶

街のあちこちに、お茶屋さんがあり、
いつでも気軽にお茶が購入できます。

◥ 緑が目印！ ◣

ジャスミン茶が絶品。
香りがとっても華やか！
お湯はもちろん、水出しもOK。

瑞泰茶荘

瑞泰茶荘は、東京の青山にある
台湾風家庭料理店・ふーみんのママに
教えてもらったお茶屋さん。
優しい雰囲気の店主と奥さんが
迎えてくれます。
試してみたいお茶を伝えると、
その場で淹れてくれます。
納得いく買い物ができて嬉しい！

人見知りしない
看板犬。
お腹をナデナデ
させてくれた！

瑞泰茶荘（P7）
台北市新生北路二段62巷34-1號
TEL：02-2541-0809
営：10:00 ～ 20:30
休：旧正月

CHARM VILLA

ティーバッグが金魚の形！
ちょっとお値段が高めなのですが、
1つ1つ手作りなので、致し方ないかなぁと。
ティーカップに入れると
金魚が泳いでいるように見えます！

CHARM VILLA（子村荘園）（P6）
台北市中山區中山北路二段
39巷3號1樓
TEL：02-2542-0303
営：11:00 ～ 21:00

林華泰茶行

お茶の問屋。基本は大量買いなのですが、
少量 (150gから) でも販売をしてくれます。
お店の中に入ると、ドラム缶のような大きな茶筒が
ずらっと並んでいます。
大人の腰くらいまでの高さがあり、
缶の上にはお茶の名前と金額が
書いてあるようです。

レジの近くにお茶の名前と価格の
一覧があるので、それを見ながら
買います。蜜香紅茶は甘くて
おすすめ。

パッケージは簡素ですが、
それもまた味があって良し。

林華泰茶行 (P6, 35)
台北市大同區重慶北路二段193號
TEL：02-25573506
営：7:30 ～ 21:00

＼東方美人茶／　＼阿里山茶／

天仁茗茶

スーパーで買えるお茶。
天仁茗茶のティーバッグ。
お茶ごとにパッケージの色が異なるので、
いろいろなお茶をセットにして
お土産にしてもいいかも。

旅のお楽しみ
かき氷＆フルーツ

種類豊富なかき氷とフルーツ！
最近甘いものの摂取が
減ってきた私ですが、
たらふく食べてしまいます。

【酒醸綜合湯】

団子はピーナッツ餡と
ごま餡。

団子を食べ終わったら、
かき氷に、
キンモクセイシロップと
レモン汁をかけます。

御品元傳統手工元宵

通化街夜市（臨江街観光夜市）
内にあります。
かき氷の上に団子が乗っていて、
インパクト大！かき氷が運ばれてきたら、
まずは団子を食べて！と言われます。

御品元傳統手工元宵 （P8）
台北市大安區通化街39巷50弄31號
TEL：0955-861-816
営：18:00 ～ 24:00（日曜～木曜）
　　 17:30 ～ 24:30（金曜・土曜）
休：無休

【芒果雪花冰】

冰讚

大人気のかき氷店。マンゴーが採れる
時期にしか営業しないという徹底
ぶりです。ふわふわのかき氷の上に
生のマンゴー＋練乳という
シンプルな組み合わせ。
マンゴーの甘みが最高です。

冰讚 （P6）
台北市大同區雙連街2號
TEL：02-2550-6769
営：11:00 ～ 22:30
4月～ 10月に営業（毎年変動あり）

【仙草奶酪牛奶冰】

臺一牛奶大王

台湾大学の近くにある
老舗のかき氷屋さん。
広い店内にお客さんがいつもたくさんいます。
かき氷の上に仙草ゼリーとミルクプリンが
乗ったもの。仙草ゼリーの少しクセのある
味が病みつきになります。
大学が近いせいか、学生さんっぽい
若い子が多いです！

臺一牛奶大王 （P9）
台北市大安區新生南路三段82號
TEL：02-2363-4341
営：11:00 ～ 24:00
休：旧正月の大晦日から3日まで

陳記百果園

日本の千疋屋のようなお店。
高級フルーツ、加工品が
販売されています。

マンゴー大好きな姉は
マンゴー尽くしの
パフェを注文。
新鮮で濃厚なマンゴーに
マンゴーアイスという
組み合わせ。贅沢！

トマト

季節のフルーツ盛り合わせは、
メロン、パイナップル、キウイ、スイカ、
パパイヤ、マンゴーなどが盛られていました。

スイカ（赤）

バナナ

スイカ（黄）

フルーツの形をした
テーブルが
いくもあります。
バナナやスイカなど
とってもキュートです。
どの席に座るか悩む〜！

だいたいどこのかき氷も
量が多いので、2人か3人で
シェアするのがオススメです！

陳記百果園（P8）
台北市松山區敦化南路一段100巷7弄2號
TEL：02 -2772-2010
営：7:00 〜 19:00（月曜〜金曜）
　　7:00 〜 17:00（土曜）
休日：日曜

飲んでみよう
台湾啤酒

台湾啤酒（台湾ビール）は、
気候に合ったさっぱりとした味が特長！
いろいろな種類があるので、
ぜひ試してみてください！

金牌

製造後、消費期限が18日まで
という台湾ビール。新鮮さが売り！
居酒屋さんのような飲食店で見かけ
ることが多いです。新鮮なだけ
あって、金牌と比べると喉越し
がちょっと
違うように
感じます。

DRAFT BEER（18日限定ビール）

一番定番の味。日本のビール
に比べてあっさりしています。
飲食店やスーパー、コンビニ
等どこでも購入することが
できます。

クラシック（經典）

通常の金牌より味が濃く
苦味が強めです。
瓶のラベルは100周年
記念ラベル！

小麥啤酒

白ビール。パッケージから
ちょっと重ためな印象ですが、
軽くあっさりとした
飲み心地です。
他に比べると
後味が独特です。

フルーツビール（マンゴー味）（パイナップル味）

フルーツの甘みのついたビール。
私が試したのはマンゴー味と
パイナップル味。どちらもサワー
のように軽く飲めました。
ビールは苦手だけど台湾ビールを
飲んでみたい！
という人に向いています。

プレミアム

通常の金牌より味が濃く苦味が強め。
金のパッケージがかっこいいです！

86

はずせない
タ ピ オ カ

台湾に行くと必ず飲みたくなるタピオカ。
「珍珠奶茶」と書きます。
美味しいし、並ばずに買えます。
どの店舗も小さくて見過ごすことが多いので、
ロゴマークを目印に探してみてください。

珍煮丹 (P6)

こちらも黒糖味。
自然な甘さと
タピオカの固さが
絶妙です！
毎日飲んでも飽きない味！

虎 TIGER SUGAR
（老虎堂 P6）

黒糖味。
タピオカのサイズが
大きいものと小さいものが
混ざっているのが面白い！
濃厚だけど氷が多く
入っているので飲みやすい。

お店の片隅に売っている
黒糖ヌガーの入った
ビスケット。パッケージ
もかっこいい！

天仁茗茶 (P7)

幸福堂 (P8)

通化街夜市（臨江街観光夜市）
で見つけて飲んでみました。
ちょっと甘め。

タピオカを煮ている
様子が見られます。
甘い匂いに誘われて、
ついつい頼んで
しまう……！

天仁茗茶はお茶の有名店。
たくさん店舗があります。
ドリンクスタンドがある店舗で
タピオカドリンクが注文できます。
入れ物が透明ではないので、
外見からは何を飲んでいる
のかはわかりません。

日本の味が恋しくなったら

台湾旅行では、食に困ることはありません。米から麺まで種類が豊富ですし、日本でも食べられる小籠包やマンゴーかき氷など、口に合うものが多いのです。

ただ、台湾ならではの味（八角や五香粉など）が苦手、という方もいると思います。それが続くと、思わず、日本食が食べたい！という気持ちになります。現に、私の父は、海外に行ったら必ず日本の味が恋しくなるタイプ。気持ちはわからなくもないです。

そんな時は"うなぎ"を食べてみるのはいかがでしょうか？

台北市内の中山エリアには、うな重を食べさせてくれるお店が何店舗かあります。うなぎは台湾産。日本食が流行っているので、日本の鰻屋顔負けの焼き上がり。

日本で食べるうな重より値段が安いのもポイント！

台湾で日本料理を食べるものなかなか面白い体験です。

すぐに出てきてビックリ！待たされると思ったが…

あたたかいほうじ茶、ホッとする！

けっこう肉厚！身がホクホク

みそ汁、ちょっと薄い

きゅうりと白菜の漬物

京都屋（P7）
台北市中山區
天津街41號
TEL：02-2541-9803
営：11:30 ～ 14:30
　　17:30 ～ 22:00
休：無休

うな重小　350元

日帰りで楽しめる
高雄

台北から日帰りで高雄へ!
台湾高速鉄道(台湾の新幹線)で1時間半〜2時間。
朝早くに乗車すれば、台北からの日帰り旅も可能!
私も何回か日帰り高雄を楽しんでいます。

1h30
〜
2h

台北

高雄

龍虎塔

高雄の一番の観光スポットと言えば龍虎塔。
左營蓮池潭という池の上に建つ塔は罪が浄化されて
開運するというパワースポットなのです。
龍の口から入り、虎の口から出るのがポイント。

台湾では十二支の中で
龍が一番良い動物、
虎が一番悪い動物とされている
ことからきているそう。

龍虎塔 (P91)
高雄市左營區蓮潭路9號
TEL:07-581-9286
営:8:00〜17:30
休:無休

6階建

龍虎

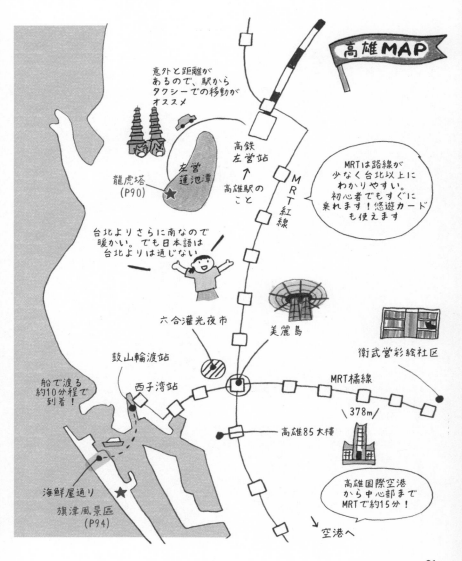

高雄MAP

意外と距離があるので、駅からタクシーでの移動がオススメ

高鉄左営站
↑
高雄駅のこと

左営蓮池潭

龍虎塔
(P90)

MRT紅線

MRTは路線が少なく台北以上にわかりやすい。初心者でもすぐに乗れます!悠遊カードも使えます

台北よりさらに南なので暖かい。でも日本語は台北よりは通じない

六合灌光夜市

美麗島

衛武営彩絵社区

鼓山輪渡站

MRT橘線

船で渡る約10分程で到着!

西子湾站

378m

高雄85大樓

海鮮屋通り
旗津風景区
(P94)

高雄国際空港から中心部までMRTで約15分!

↘ 空港へ

龍虎塔の中へ！

マットがちゃんと
舌の色（ピンク）に
なっている

龍虎塔は6階建て。
中の螺旋階段を昇っていく。

外が見られるようになっていて
楽しいのだけれど、高所恐怖症の私は
4階からだんだんと怖くなり……。

とは言え景色はとても良く
池と高雄の街なみや、
池のハスは見応えが
あります。

龍の口は近くでみると迫力がある！
自分が小人になったような気持ちになります。

少し進むと受付におばちゃん。
寝ていたけど私とけーこちゃんの気配に気づき、
「キモチ」と言われる。

寝るのによさそうな
大きなイス

キモチ

入場は無料だけど
寄付して下さいと
いうことのようで
いくらか入れると、
ヨレヨレの
ポストカードをくれた。

「お金」と言わない
ところがうまいなぁ
と思ってしまった！

寄付はご自由に

龍虎塔のポストカード
やや水にぬれて乾いた感あり。

建物の中の装飾も楽しめます。
色鮮やかな模様や、
動物の絵が描かれています。

リスらしき動物が描かれている壁画。

きれいな色の組み合わせ！

お花と鳥。

とがった石？のようなもので
作られた虎の置物。

2019年8月現在は5階までしか
あがれず。6階の天井の装飾が
チラリと見えました。
残念……。

龍の塔も虎の塔も
6階建てですが、
中の絵や置物が違うので、
両方とも昇るのがオススメです。
最後は虎の口から出ます。
虎も近くで見ると迫力があります！

これで私も開運できたかな!?
楽しんで開運とは
何とも嬉しいです！

やはリマットは
ピンク色!!

ぜひ行きたい
旗津エリア

高雄に行ったら海が近いので海鮮が食べたい！
それなら観光も兼ねて旗津半島へ。

フェリーはこのような感じ
コンパクト！

一般乗客

1階はバイクや
自転車と一緒に
乗る人専用

悠遊カードで
乗船できます

フェリーは10〜20分に1回くらい出るので
乗り場に向かえばOK。
地元の人もよく利用するようで、
乗船時間にはバイクの行列!!
船が出ると船内にいる人、
海を眺めに前後の甲板に行く人など、
思い思いに。

乗船時間はたった10分!!
あっという間に旗津半島に到着！

旗津海産店

フェリーを降りてすぐの
道路の両脇に海鮮屋さんが並ぶ。
どこのお店もいけすが出ていて
ワクワクする！

食べたい魚を選ぶと
アゲル？ヤク？ニル？
スープ？と聞いてくる。
大体お任せに（笑）。

魚が氷に埋まっている

シラウオや
カキなどが並ぶ

旗津海産店（P91）
住所：高雄市旗津區廟前路35號
電話番号：07-571-8771
営業時間：10:30〜21:00
定休日：無休

ある日のメニュー

海鮮を存分に楽しめる料理の数々。

【ハマグリのスープ】
体に染みる。

【カキの豆豉炒め】
小ぶりだけど
濃厚なカキ。

【筍と豚肉の炒め物】
筍が食べたくて
頼んだものの
まさかの肉料理。

【お刺身】
日本のお刺身の
ほうが口に合った。

ビールは
冷蔵庫から
自分で取ってくる。

【ハマグリの炒め物】
貝の旨みが凝縮。

【シラウオの天ぷら】
日本よりシラウオが大きい!!

これだけ頼んで890元

台湾の飲食店でよく見る
日本語の入った
プラスチック製食器。
雑貨屋で売っている
のを見かけた。

さっきまで接客していた
お姉さん、お店の中で
歩きながらまかないを
食べていた。

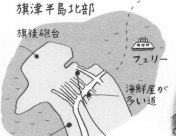

旗津半島北部

旗後砲台

フェリー

海鮮屋が
多い道

海水浴場

少し横道に入ると住んでいる人
の生活が垣間見える。

食後は歩いて旗後砲台へ。
かつては戦火を交えた場所です。
頑丈な扉などを見るとドキッとします。
砲台からは高雄の景色がよく見えます。
平和が続きますように……。

砲台からの眺め

ショートトリップで 台中

台北から新幹線に乗り、1時間ほどで着く台中。
ショートトリップにぴったりの場所です。
すきま時間を使い、移動も含め7時間でまわったことも!
もちろんゆっくり時間をかけて観光するのもおすすめです。

＼ 7時間でまわった時の ／ タイムスケジュール

```
10:00  台北駅  発
  ↓    新幹線
11:00  台中駅  着
  ↓    タクシー (20分くらい)
11:30  台中国家歌劇院 ●
  ↓
12:30  台中州庁 ●
  ↓
13:00  台中市役所内の ●
       cafe1911 にてランチ
  ↓
14:00  【宮原眼科】(P98)
       で買い物
       【第四信用合作社】(P100)
       でお茶
15:30
  ↓    タクシー (20分くらい)
16:00  台中駅  発
  ↓    新幹線
17:00  台北駅  着
```

写真でかっこいい!と思い、
実物を見てみたかった伊東豊雄建築の
【台中国家歌劇院】へ。
実物はもっとかっこいい!
中にも入れます。
屋上は秘密基地の
ような空間でした。

【台中市役所】はとてもレトロな建築。
中に入るとカフェ【cafe1911】があり
ます。素敵な建物の中でゆったりで
きるのは最高です!

足早ですが、これだけ遊んでも
夕方には台北に戻ることができます。
ショートトリップおすすめです!

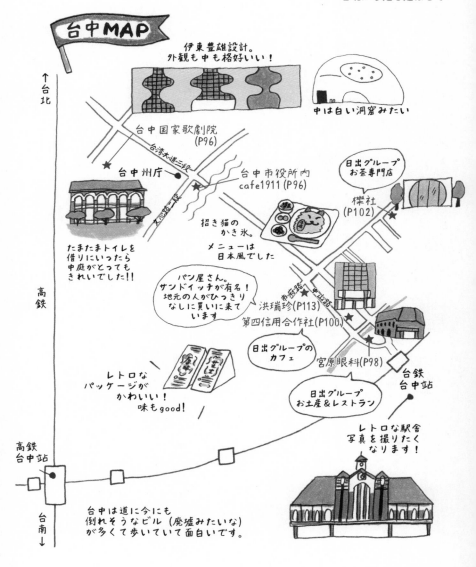

台中MAP

伊東豊雄設計。
外観も中も格好いい!

中は白い洞窟みたい

↑台北

台湾大道二段

台中国家歌劇院
(P96)

台中州庁

台中市役所内
cafe1911 (P96)

メリカ一段

たまたまトイレを
借りにいったら
中庭がとっても
きれいでした!!

日出グループ
お茶専門店

櫟社
(P102)

招き猫の
かき氷。
メニューは
日本風でした

高鉄

パン屋さん。
サンドイッチが有名!
地元の人がひっきり
なしに買いに来て
います

市府路

中山路

洪瑞珍(P113)

第四信用合作社(P100)

日出グループの
カフェ

宮原眼科(P98)

レトロな
パッケージが
かわいい!
味もgood!

日出グループ
お土産&レストラン

台鉄
台中站

レトロな駅舎
写真を撮りたく
なります!

高鉄
台中站

↓台南

台中は道に今にも
倒れそうなビル(廃墟みたいな)
が多くて歩いていて面白いです。

宮原眼科・第四信用合作社・櫟社をめぐる

宮原眼科、第四信用合作社、櫟社を
運営している日出グループ。
どの店舗もとってもおしゃれなのです!

宮原眼科

日本人が開いた眼科の建物を
リノベーションし、
1階は菓子やお茶などの販売、
2階にはレストランがあります。

店員さんの制服が
気になる。
売ってほしい。

日本語話せる
スタッフさんが
多いので安心。

天井が高く、図書館を
訪れたような雰囲気です。

入口には足元に
アリのタイルがあったり、
遊び心も感じられます。

宮原眼科
1927

このような記載も。
1927年の建物のようです。

素敵なシャンデリア!!

どれを買うか
悩む悩む……

買ったものはこちら!

毎回絶対に買うのは
【米粉のパイナップルケーキ】!
食感の軽さにはまります。
米粉のものは意外と他のお店には
ないので、いつも買って帰ります!

【ドライフルーツの
チョコがけ】
三角のパッケージは
ドライフルーツの種類ごとに
模様が違っています。

【お花の形のおまんじゅう】
食べるのが
もったいない!!
食べましたけど……。

すごい!

【ちょうちょ型のクッキー】
蝶が立体的な型になっている。
どうやって作るのでしょう!?

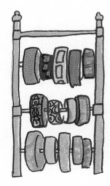

ラッピング用リボン。
リボンってなんで
見ているだけでこんなに
ワクワクするのでしょう!

宮原眼科 (P97)
台中市中區中山路20號
TEL:04-2227-1927
営:10:00 ～ 22:00
休:無休

第四信用合作社

建物は銀行をリノベーションした
カフェと**ショップ**のお店。

ここにもアリのタイルが！

入口に重厚な鉄の扉。
銀行の金庫の扉
だったのかな……!?

天井はコンクリート
打ちっぱなし。

よく見ると1元コインが
敷き詰められています！

サイケな感じの
ギラギラした電気。

店内は銀行のおもかげと
サイケな感じが
入り混じっています。

銀行の窓口を思わせる。
ここでお会計する。

カフェは…

『ドラゴンボール』を
思い出す制服。
他2店より
かなりカジュアル!

ビビッドな
オレンジ。

店内で食べられるアイスは
いろいろなトッピングが
できます。

かなりの
ボリューム

クッキー

クッキー

花餅

何十種類もある
アイスから選び
トッピングもたくさん
あるので(パイナップルケーキなんかもある)
とっても迷います!

トッピングできるものには
お土産として販売しているものも多いので、
試食がてら頼んでみても!

試飲で出てきた
紙コップ。
「囍」の文字が入っています。

台湾で「喜」はめでたい!
という意味なので、
「囍」は、めでたい!めでたい!
という意味になります。
紙コップまとめて売ってほしいー!!

第四信用合作社 (P97)
台中市中區中山路72號
℡:04-2227-1966
営:10:00 ～ 22:00
休:無休

フィッシュ
フライ

パイナップル

ワッフル

ワッフル屋さんで頼んだ
おかず系ワッフル。
2人で1つで充分な量。

101

櫟社

2019年にオープンしたお茶専門店。
落ち着いた雰囲気の店内で
ゆっくり購入できます。

店内への入口。丸い。

扉にリスのイラストが。
キュート！！

緑がモサモサ
おしゃれな建物！
門から格好いい！！

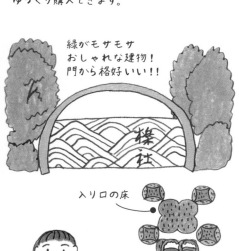

あちこちに
リスアイテムが！

入リロの床

どんぐり型の
茶こし

リスパッケージのお茶

紺ブラウス

染めのスカートと
染めのブラウス。
店内の雰囲気に
ピッタリ！

お店の買い物カゴも
染めの布がかかって
いました！

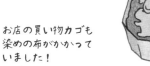

リスとどんぐりの
形のクッキー

染めの
スカート

ディスプレイに目がくぎ付け!!

1つずつ買える紅茶が
ずらーっと並んでいます。

それぞれのパッケージが
魅力的で、かなり悩みます……
ジャケ買いしたくなる。

12個買うと箱に
入れてもらえる。

（表）　（裏）

（中身）ティーバッグ
です

紅茶名が
かいてある

少量買った友達は
こんなパッケージに
入れてもらって
いました。

500元以上買うと店内中央に
置いてあるビンから
好きなハーブを選び
その場でつぶして
袋に入れて
プレゼントして
くれます。

お茶でも
ポプリとして
使ってもOK
とのこと。

ラベンダー
ミント
ローズ
カモミール

櫟社（P97）
台中市中區市府路150號
TEL：04-2222-1903
営：10:00 〜 20:00

客家料理を習いに新竹へ

知り合いに誘ってもらい、客家料理を習いに新竹へ行きました。新竹は、台北から高鉄で30分ほど。ビーフンが有名な場所です。

客家料理とは、中国の華北の漢民族がアジア各地に移住し、その土地で作り続けられた郷土料理。移動が多いため、その生活スタイルに合った味付けや食品の保存方法が特徴的です。

料理教室は野菜を収穫するところからスタート！日本では見ないような野菜もありました。

客家の方のお家にお邪魔し、料理開始。採れたての野菜、お肉やお魚、そして自宅で作られたという発酵調味料を味付けに使います。

出来上がった料理は、味が濃いめでご飯に合う！台北市内で食べる台湾料理とはまた違った味でした。

食べ終わったあと、料理を教えてくれたおばあさんが、家族の写真を嬉しそうに見せてくれたのが印象的でした。暮らしぶりや、台所の様子が見られて楽しかったです。テーマを持った旅も面白いです。

とっても広い台所！

初めての台湾！
（家族旅行）

2010.10.6 − 10.9
父親の勤続35年の
休みに台湾へ！

2010/10/6（水）
〈1日目〉

4:30 起床

父の運転で
成田空港へ

7:00 成田空港着

9:40 成田空港発
チャイナエアライン

ダイナスティホリデーの
フリープランのツアー！
1人¥52,500
消費税5％の時代！

12:10 桃園空港着

空港から出たところで、
佐藤可士和さまという
プラカードを持っている
人を発見。

両替所に立寄り
1万円両替したら
3625元だった。

ツアーのバスで移動

14:30 ホテル
（シティスイーツホテル）に
チェックイン

ホテルは飲み物が
無料でした。

15:30 カルフールで買い物

家樂福

16:30 ホテル近くの夜市
寧夏夜市で夕食

ビーフンと餃子を食べる

餃子 10個で50元
初めての注文で緊張！！

香辛料が強くて、口に合うものと
合わないものがある。

18:00 ホテル近くのスーパー
頂好 Welcome スーパーへ

頂好 Wellcome

帰り道で
タピオカミルクティー
購入！

19:00 ホテルに戻る

22:00 頃　就寝

2010/10/7（木）
〈2日目〉

6:00 起床

7:00 ホテルで朝食

8:30 日帰りツアーに参加
バスで移動。

旅行会社のオプションで
予約したツアー。
1日でいろいろ回った！

中正記念館
総統府
行天宮
占い横丁
茶芸館
鼎泰豊（ランチ）

免税店
忠烈祠
國立故宮博物院
民芸品店

茶芸館と民芸品店の勧誘が
すごかった！何も買わずに
ふり切ったぞ！

17:30 パン屋（双福食品）

ホテルから徒歩15分
くらいのパン屋。
パイナップルケーキを買
いに。日本語ぺらぺらの
おじさんがいた。

18:00 ホテル近くの寧夏夜市で
夕食の買い出し

餃子、カキのオムレツ、
魯肉飯、鶏肉飯を買って
ホテルで食べる。

再び帰り道で
タピオカミルクティー
購入！

19:00 ホテルに戻る

23:00 頃　就寝

2010/10/8 (金) 〈3日目〉

<u>6:30</u>　起床

<u>7:00</u>　ホテルで朝食

昨日と少しメニューが
変わっていて嬉しい♪

<u>9:00</u>　迪化街

ホテルから徒歩5分くらい
だった！朝早くて
やや閑散としていた。

<u>10:00</u>　頂好 Welcome スーパー

頂好 Wellcome

友達へのお土産など購入。

<u>11:00</u>　中山駅

<u>12:00</u>　大戸屋でランチ

大戸屋
OOTOYA

父親が日本食を食べたい
とのことでまさかの大戸屋！
日本より高かったー。

<u>13:00</u>　市政府駅

UNIQLO

母親がユニクロのダウンを見たいと
市政府駅近くのデパートへ。

昨日オープンしたばかりで
入場制限まであり大盛況!!
どうやらユニクロ台湾第一号店
だった!!
だから佐藤可士和が
来てたのか〜!

初のメトロ乗車！
旅行会社から
もらっていたカードに
すでにお金が
チャージされて
いたのですぐに
乗れた。

<u>15:30</u>　ホテルに戻る。休憩

<u>16:00</u>　ふたたび迪化街

朝行って気になっていた
ビーズ屋さんへ！2個購入。
お店の人が優しかった。
事前にネットで調べていた
お茶屋さんとドライフルーツ屋さん
にも行く。

<u>18:30</u>　ふたたび中山駅

駅地下にある寿司屋で持ち帰りの
寿司を購入。

中山駅近くの
日本語が通じる大友物産で
台湾らしいサンダルなど購入。

<u>19:00</u>　ホテル近くの寧夏夜市で
餃子を買う

<u>20:00</u>　ホテルに戻る
ホテルの部屋で夕食

2010/10/9（土）〈4日目〉

7:30 起床

8:00 ホテルで朝食

9:00 双福食品で
パイナップルケーキを
追加購入。パンの耳も購入。

パンの耳が好物の母親、
わざわざ台湾で買わなくても…

歩いて中山駅へ

雑貨屋で
フェイスパック
など購入

10:30 ホテルに戻る。
パッキング

11:00 ホテルのロビーで
無料のコーヒーを飲む

11:30 送迎バスに乗車
ザ・お土産屋へ立寄り

14:00 桃園空港着

16:30 桃園空港発

19:00頃　成田空港着

【初台湾を終えて】

父 親日的で日本建築物を大切にしていることが嬉しい。食べ物が美味しくて安い！台湾ビールが美味しくて大好きになりました。

母 とにかく物価が安くて雑貨(文房具、袋物)をたくさん買いました。タクシー代の安さにもびっくりしました。台湾ビールと水餃子がとても美味しかったです。日本語を話すお年寄りにも会いました。

姉 混沌としていて不思議な懐かしい感じがしました。この雰囲気がよくて、この時から台湾にはまりました。食べもの美味しい！物価が安い！

私 言葉がわからなくても日本語や簡単な英語が通じ、街中は漢字がいっぱいでなんとなく把握でき、楽々と旅ができました。食べ物が驚くほど安くて美味しい！日本からもあっという間に到着。近場の海外！という印象を持ちました。

弾丸台湾取材！
（渡航 10 回以上）

2019.8.17 — 8.20

5:00　起床

6:00　タクシーにて
　　　空港バス乗り場へ

6:20　バスにて羽田空港へ

7:10　羽田空港国際線ターミナル

8:40　羽田空港発（JAL）

夏休みの家族連れが
たくさん搭乗していました！

11:00　松山空港着

年に台湾へ3回以上渡航している
人が取得できる「常客証」で
出国ゲートを
楽々通過！
時短に
なります。

今回の旅は航空券 58,000 円、
ホテル（3泊）24,000 円くらい
私としては高め。旅行繁忙期
なので仕方ない。

空港にある銀行で両替
（1万円で 2835 元）

Uber で配車、移動

12:00　ホテル（コスモスホテル）に
　　　到着
　　　Booking.com で予約

12:20　華品摛丸台北店にて
　　　新竹エリアのお土産を購入

ピーナッツクリーム
の入った
クラッカー。

12:30　京都屋（うなぎ）で
　　　けーこちゃんと待ち合わせ
　　　うな重を食べる

CHARM VILLA で
金魚型のお茶を購入

ホテルに荷物を置きに戻る

15:00　台北 101 スターバックスへ
　　　（予約制）

事前予約制のスターバックス。
台北 101 の 35 階にある。
台北市内を一望しながら
飲食できる。
オリジナルグッズの品揃えは
イマイチだった。

_16:30_ 四四南村を散策

_18:00_ 誠品書店 信義店へ

台湾
ミシュラン本
購入

路線バスで移動

_19:00_ 明月湯包で夕飯

けーこちゃんのお友達も合流。
偶然お店に食べに来た
友達もいてビックリ！

_20:00_ 通化街夜市（臨江街夜市）を
散策

御品元傳統手工元宵でかき氷、
幸福堂でタピオカミルクティー、
靴屋さんで靴を購入。

ビニール製で
200元と格安！
デザインも良
かったけれど、
見事に靴擦れ
して足に合わず……。

タピオカミルクティーを
飲む時、けーこちゃんの
友達がドリンクホルダーを
貸してくれた。
これがあれば
手が空いて便利！
台湾旅行中の
必須アイテムだ！

2019/8/18（日）〈2日目〉

_6:30_ 起床

_7:30_ ホテル待ち合わせ

_8:00_ 信陽街永和豆漿

台北駅から
徒歩で行ける
豆漿のお店。

_9:00_ 電車で十分へ！
台北→瑞芳（自強号に乗車）
→十分

_10:30_ 十分に到着

ランタンを
あげる！

徒歩20分くらいの
十分瀑布へ。
台湾のナイアガラと言われている。

超大雨に降られる。

雨宿りも兼ねて、
滝の近くの露店で軽くランチ。

猫も雨宿りしていた！

_13:30_ 雨が止まないのでタクシーで
瑞芳駅まで行くことに……

14:30 瑞芳駅

まさかのケータイ紛失！
観光客の外国人が
拾ってくれて無事に
手元に戻ってきました。

15:30 台北駅

明日の高鉄のチケットを購入。

MRT で移動

16:00 劍潭駅

Louisa Coffee で休憩

雨がなかなか
止まず雨宿り……。

17:30 士林夜市を楽しむ

エビ釣り、買い物、ごはん、
スイーツ、雑貨屋さんを
めぐる。

"しばけん　かわいい"
と書いてあるTシャツ。
ダサかわいくて購入。

20:00 台湾シャンプーを
体験しに
上越国際髪型
士林店へ。

髪のもスッキリ！

21:00 MRT で台北駅へ戻る

22:00 ホテルへ戻る

2019/8/19（月）〈3日目〉

6:00 起床

7:30 朝食をモスバーガーで購入

モーニングセット。
ハムサンドなのに
甘いピーナッツクリームが
ぬってある甘じょっぱい
不思議な味。
でも美味しい！

8:00 台北駅
高鉄（新幹線）で
移動

3DAYパスを利用。今回は途中下車
する回数が多いので、

3日間乗らなくても
正規で買うより
3DAYパスの方が
おトク！

9:30 左營駅到着
タクシー移動

10:00 龍虎塔と
その周りを散策
タクシー移動

11:00 左營駅

財布を拾う！駅の警備の人へ渡す

↓ MRT に乗車

台北に比べて人が少ない

11:30 衛武營彩絵地区

アパートに大きな
絵が描かれている一帯。
写真スポット！

112

↓ MRT に乗車

12:30 西子湾駅

ドリンク屋さんで
ミルクティーを
テイクアウトで頼む。
無料でタピオカを
追加できた！

13:00 フェリー乗車

13:20 旗津風景区へ

雨がなかなか止まず、
靴がびしょ濡れになった
けーこちゃん、
ビーサンを購入。

13:40 旗津海産店で海鮮ランチ！

15:00 フェリーで戻る

また美味しそうな
ドリンク屋さんを
発見してしまい購入。
ここもタピオカを無料で
追加できた！

16:00 左営駅

高鉄で移動

17:00 台中駅

タクシー移動

17:30 宮原眼科

荷物になるので
まずは下見。

18:00 洪瑞珍（パン屋）(P97)

老舗のパン屋さん。
サンドイッチを購入。

18:30 欅社

お茶を12個購入、お土産用！

19:00 第四信用合作社で
軽くお茶

19:30 宮原眼科で買い物

20:30 台中駅

高鉄に乗車

21:30 台北駅着

けーこちゃんと
お別れ〜3日間
ありがとう〜！

22:00 スーパーで買い物

お土産や自分用に
調味料などを購入。
露店で餃子と
魚団子のスープを購入。
コンビニで缶ビールを購入。

22:30 ホテルで軽く夕飯

24:00 荷造り

1:00 就寝

2019/8/20（火）〈4日目〉

6:30 ホテル発

UBER で移動

7:00 松山空港着

前日に買った
洪瑞珍の
サンドイッチと
スタバの
コーヒーを朝食に！

9:10 松山空港発

13:10 羽田空港着

台湾で救急病院にかかる

姉と2人での2泊3日の台湾旅行。2日目の朝、そろそろ朝食に行くか〜と立ち上がった姉が、ベッドに足を引っ掛けバランスを崩し部屋の壁の角に額を強打！

そのまま倒れる姉と床に広がる赤い血を目の当たりにし、瞬間、パニックになりかけました。あたふたとホテルのフロントへ状況を伝えると、土曜なので救急病院しか開いていないとのこと。言われるがままタクシーに乗り、到着したのは立派な大学病院……。でも日本語は通じず、カタコトの英語でやりとりとなりました。けーこちゃんが駆けつけてくれ、通訳をお願いしたところ、傷口を縫ったほうが良いとのことで即手術に……。結果6針を縫い、塗り薬をもらって、お会計となりホッとしたのもつかの間。今度は、手持ちのお金で足りるのか!? と猛烈な不安に襲われました。金額はと言えば日本円で1万円程度。海外旅行保険で戻ってきましたが、台湾の医療費は安かった！

後日、日本のお医者さんで抜糸をした姉。とても綺麗に縫えてますね！と褒められたそうです。

丸々一週間額に
ガーゼをつけて
過ごす

髪を短くカット
された
メガネも無事
だった
キセキ……

個人旅行のすすめ

初めての個人手配旅行

海外旅行というとツアーで行く人も多いと思いますが、
台湾は個人手配での旅行もおすすめの国です。
ツアーと比べて、自由度があり価格も安く抑えられることがあります。
私も初めの数回はツアーで行っていましたが、
そのあとは個人手配をするようになりました。
ここでは個人手配旅行のコツをお伝えします!

飛行機と宿の選び方

【飛行機】

台湾行きの飛行機は、毎日、日本各地からかなりの本数が
飛んでいます。時間帯、発着地、航空会社によって選び放
題です。
優先順位をつけ（値段、発着時間、飛行機の快適さ、発着
時の空港など）、航空会社から直接購入するのが良いです。
旅行会社経由で航空券を購入することも可能です。ただし、
格安の会社ですとキャンセル料が全額になってしまったり、
座席指定ができない場合もあります。

【宿】

宿泊施設のまとめサイトで予約（Expedia、Booking.com、
楽天トラベルなど）、宿に直接予約、旅行会社を通して予
約などの方法があります。
台湾のホテルは日本語サイトを設けているところも多いの
で、ホテルに直接予約も可能です。宿に関しても優先順位
をつけ（立地、値段、快適さ、日本語の話せるスタッフが
いるか）、ホテルの候補が出てきたら、金額を比較し、予
約をします。

台北の空港は、松山と
桃園があります。松山
のほうが街中に近く便
利ですが、LCCは、桃
園発着です。

安く台湾旅行できる時
期は、5月上旬（GW終了
後）〜7月上旬（夏休み
前）、10月〜12月までで
す。正月休み明け1月
から2月も比較的安い
ですが、旧正月とかぶ
る頃は高くなるので要
注意です。

宿のエリアに迷う場合、
中山あたりがオススメ。
相場は高めかもしれま
せんが、アクセスと治安
がいいので安心して過
ごせます。

お金の両替

両替は、空港内の両替所、ホテル、街中の銀行、ATM などででき、それぞれ手数料が異なります。

手数料が一番安いところ！となると色々検討が必要ですが、私はあまり大金を使わないので、両替のしやすさを優先しています。

まずは空港に着いてから空いている両替所で両替をします。足りなくなったら、ホテルか街中の ATM（クレジットカードでキャッシング）、銀行で行います。銀行ではパスポートが必要です。クレジットカードが使えるお店が多いので、現金は少なめに両替しています（特に大きな買い物をする予定がないときは 2 万円くらい）。

台湾ドルのレートは
NTD＝約 3.6 円
（2019 年 12 月現在）

台湾での滞在費は、ホテル代を除いて 1 日 1 万円あればおつりがきます（高い買い物をしない場合）。

台湾では、基本チップの習慣はありません。

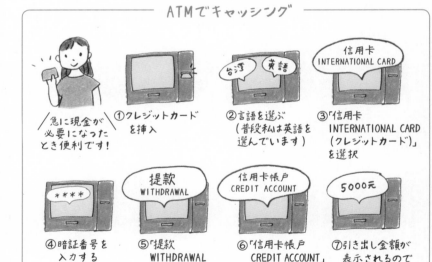

ATMでキャッシング

急に現金が必要になったとき便利です！

① クレジットカードを挿入

② 言語を選ぶ（普段私は英語を選んでいます）

③「信用卡 INTERNATIONAL CARD（クレジットカード）」を選択

④ 暗証番号を入力する

⑤「提款 WITHDRAWAL（引き出し）」を選択

⑥「信用卡帳戸 CREDIT ACCOUNT」を選択

⑦ 引き出し金額が表示されるので選ぶ

市内での移動

市内での移動は、MRT、タクシー、Uber、バスを利用します。

【タクシー】

台湾はタクシーがあちこちにいるので、すぐに捕まります。日本と同じように手をあげると停車するので、行き先を伝えて乗車すれば問題ありません。言葉が通じない場合は、行き先や住所を書いたメモを渡せばOK。車が新しかったり古かったり、運転も荒かったり（スピードを出す人が多い）、対応も人によって違い、当たり外れの差が激しいです（笑）。日本と比べると料金が安いので気軽に利用できます。時間短縮したい方にはもってこい！ただ、一方通行の道路が多く、目的地が近くても遠く感じることもあります。

運転手さんは、英語が通じない場合もありますので、あらかじめ行き先を中国語で書いたメモを用意しておくと安心。

自分でドアを
開けます。

【Uber】

Uberは配車サービスで、アプリをダウンロードして登録後、利用が可能です。行き先を指定してから配車するので、言葉が通じなくても安心です。一般の人の車に乗るので、色々な車に乗れるという面白さも！どの車も清潔感があり、快適そのもの。料金も事前にわかるので、ボラれる心配もありません。ただ、一人旅だと、狭い空間に2人という怖さもあることから（何もないはずですが）、明るい時間、もしくは他に誰かいる場合に利用します。台北市内では簡単に配車できますが、地方に行くと全く配車がなかったりするのでご注意ください。

乗車場所の指定は、ホテルの前や大通りなどのわかりやすい場所や、車の進行方向に合わせるなど、車で迎えに来る人の視線で考慮すると良いと思います。

アプリ内に表示される車のナンバーをチェックしておくと迎えに来た時にわかりやすいです。

【MRT（地下鉄）】

台湾の地下鉄はとてもわかりやすく、1日乗車すればすぐにコツがつかめます。路線が色ごとに分かれているので、利用したい駅と路線図を見れば、すぐに目的の駅にたどり着け利用しない手はありません！乗車料金も安いです。

切符は駅近くの券売機で購入できます。購入するとコインのような形の切符（トークン）が出てくるので、改札で所定の位置にかざし通過します。改札を出るときは投入口に入れるとゲートが開きます。

毎回切符を購入するのも良いですが、悠遊カードの利用がとても便利です。日本の交通ICカードのようなもので、購入時にカード代を払い（100元）、チャージをして利用します。悠遊カードを使えば乗車料金も安くなります。（悠遊カードは駅の窓口やコンビニ等で購入可能）。

また、MRT内での飲食（食べ物はもちろん、飲み物、ガム、飴）は禁止です。観光客でも違反した場合は罰金が課せられます。

地下鉄の始発は午前6時ぐらいです。人気の朝ごはんのお店に行くなど、6時以前から移動したい場合は、タクシーを。

トークン

悠遊カード

券売機　トークン購入と悠遊カードのチャージ

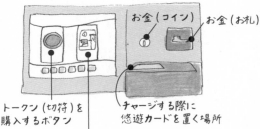

お金（コイン）　お金（お札）

トークン（切符）を購入するボタン

チャージする際に悠遊カードを置く場所

悠遊カードにチャージするボタン

駅の窓口　悠遊カードが買えます。改札横にある事が多い。

?詢問處

悠遊カードを買う時は、右のようなメモを見せるとスムーズ。（英語も通じます）

悠遊卡		悠遊カード
售價	100 元	カード代
加值	000 元	チャージしたい金額

【バス（市内）】

台湾ではバスの利用が便利です。数多くの路線があるため、
目的地まで最短で到着できることも。乗車料金も安いです
（短い距離だと15元、長い距離は30元）。少し上級者なイ
メージもありますが、Google mapで目的地までの経路を
検索すると、乗車するバス停や乗るべきバスの系統が出て
くるので、その通りに乗れば問題ありません。バスも悠遊
カードが使えますので、乗車時に指定の場所に悠遊カード
をかざし入ります。停車するバス停の案内は中国語なので、
車内前方にある掲示を見ておきましょう。下車するバス停
名が表示されたら、車内にあるブザーを押し、下車します。
降りる時も指定の場所に悠遊カードをかざします。

台湾のバスは両替機が
なく、おつりも出ませ
んので、乗車前に必ず
小銭を準備しましょう。
ICカードを使用すると
きも残高不足にならな
いよう注意しましょう。

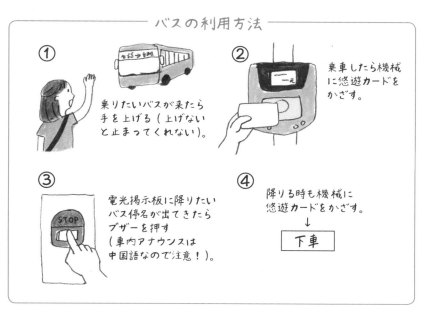

バスの利用方法

① 乗りたいバスが来たら
手を上げる（上げない
と止まってくれない）。

② 乗車したら機械
に悠遊カードを
かざす。

③ 電光掲示板に降りたい
バス停名が出てきたら
ブザーを押す
（車内アナウンスは
中国語なので注意！）。

④ 降りる時も機械に
悠遊カードをかざす。
↓
下車

【台湾鉄道（台鉄）】

台北から九份や十分に行く際に利用します。

普通列車（区間車）や自強号（指定席特急）があり、窓口や駅の券売機、オンラインでも購入ができます。

指定席列車でなければ悠遊カードでも乗車ができます。行き先や時間帯によっては、自強号は予約でいっぱいになることも。早めの予約がおすすめです（オンラインで予約ができます）。

車両は新しいものから古いものまで様々！びっくりするくらいオンボロ列車が到着することもあります。電車内は飲食可能なので、人気の駅弁を食べるのもよいですね。

台北から離れるにつれ、窓の景色が変わっていくのが楽しいです。いつかローカル線の旅をしたいと思っています。

台湾では、座席指定の席に人が座っている場合があります。
チケットを相手に見せて、自分の座席であることを伝えてどいてもらいましょう。

台鉄弁当

【台湾高速鉄道（新幹線）】

台湾の地方（台中、高雄、台南など）へ行く場合に利用すると便利です。台北から台中までは1時間、台北から台南は2時間ほどで行くことができます。

切符は、高鉄の窓口、券売機で購入できます。オンラインでも購入が可能で、時間帯によっては割引があることも（オンラインの紙をプリントアウトし、窓口で券と引き換えします）。

駅近くでは駅弁が売られていたり、車内販売もあるので、利用してみてください。文房具などのオリジナルグッズも販売されています。

またKKdayというツアー旅行会社のサイトでは、外国人向けパスの販売をしており、3日間の周遊パスや、期間によってキャンペーンがあり、正規料金より安く購入できることがあるのでぜひチェックしてみてください！

外国人向けのパス

3日間の周遊パス

会話

台湾旅行で会話に困ったことは特にありません。と言っても私が中国語が話せるわけではありません（「ニーハオ」と「シェイシェイ」だけ）。台湾では日本語を話せる人が多く（若い人からお年寄りまで）、日本語で話しても通じることが多いのです。親日家が多く、日本に興味があって勉強している人、留学経験がある人も。日本のテレビ番組も多く放映されているため、日本語に触れる機会が多いそうです。また、お店の看板なども漢字表記なので、なんとなく理解できます。ただ地方に行くと日本語が通じないことも多く、会話に少し苦労しますが不安なことや嫌な思いをすることはありません。

「メモ帳」が大活躍！
・タクシーで目的地を
　書いて伝える。
・飲食店での注文
　その他、いろいろな
　シーンで使えます。

若い人は、英語を話せる人が多いです。

買い物時の注意

ほとんどのお店で袋が有料になっており、会計時にバッグは必要ですか？と聞かれます。買い物時はエコバックを持参しましょう。
ほとんどのお店でクレジットカードの利用が可能ですが、夜市や個人商店では使えない事があります。少額の現金を多めに用意しておきましょう。

── お店でよく見かける表記 ──

買一送一 →1つ買ったら
　　　　　　もう1つ差し上げます

8折→20%引き

2折→80%引き

ウーヤオチェイが
我要這個
これをください!

食事の頼み方

カジュアルな飲食店では、メニューが表記された紙（注文票）に、注文したいものの数を正の字で記入し注文するスタイルが多いです。これだと言葉が通じなくても注文しやすいので安心！台北市内のお店では、日本語メニューがあるところも多いです。

注文票がないお店では、口頭で頼みます（夜市など）。中国語が話せなくても指をさしたり、番号が書かれていたりすることもあるので、それを頼りに注文します。店員さんがカタコトの日本語で対応してくれることも。会計はレジに行くスタイルが多いです。机の上に会計のレシートが置かれた場合はそれを持って、注文票の場合は注文票を持ってレジで支払いをします。夜市や露店では注文時にその場で支払うことも多いです。

イートインとテイクアウトでは、並ぶ場所が違う店もあります。

『内用（ネイヨン）』
→店内で食べる

『外帯（ワイダイ）』
→持ち帰り

通信について

旅行中、携帯電話で情報を入手するのは必須です。台湾では無料の Wi-Fi が公共機関やカフェ、ホテルなど多くの場所にあるので、そちらを利用するのがおすすめです。台湾政府が提供している iTaiwan という無料 Wi-Fi もあり、登録すれば様々な場所で利用できます。

ただ場所によっては Wi-Fi が安定していないこともあるので、日本で Wi-Fi ルータを借りて行くのも安心です。また、SIM フリーの端末を持っている場合は、台湾で使える SIM カードを買ったほうが断然お得！旅行日数に合わせてカードが選べます。SIM カードは事前に日本で購入したり、台湾についてから空港で購入することも可能です。私は SIM カードを日本で購入して使っています。

iTaiwan は、台湾各地にある「旅客服務中心（ツーリストインフォメーション）」で登録できます。その際パスポート番号が必要です。
「旅客服務中心」は空港・高鉄新幹線駅・台鉄駅にあります。

季節の服装

台湾は年中温暖な気候なので、旅行中は快適に過ごすことができます。中でも良い時期は 3〜5月、10〜11月です。6月に入ると暑さが増し、9月いっぱいまでは暑さが続きます。冬も暖かいかと思いきやコートを着ないと寒いと思う日も多く、油断は禁物です（暖房設備が整っていないことも多々あります）。

沖縄より少し先の場所へ行く、とイメージするとわかりやすいかもしれません。どの時期でも帽子と傘は必須です！

年中通して、さらっと羽織れるカーディガンやストールもオススメです。

春	夏	秋	冬
3〜5月	6〜9月	10〜11月	12〜2月

日焼け対策の
帽子も
忘れずに！

だいぶ暖かくなっているので、半袖と脱ぎ着しやすい長袖を持参。

かなりの暑さです。熱中症対策も必須。汗をかいても乾きやすい素材の服がおすすめ。
室内はクーラーが強いので、長袖も必須です。

涼しくなってきたとはいえ、暑さが残ります。薄い長袖＋羽織れる長袖くらいがベスト。

意外と寒いです。街中にはブーツを履いている人も。コートや厚手の上着は必須です。

台湾で個展とワークショップを開催しました!

台湾でイラストレーションの展示やワークショップを何度か開催しました。

大好きな台湾で個展を開きたい!と思い、友達に協力してもらって用意した紙（台湾で展示をしたい気持ちやプロフィールを中国語で書いたもの）と作品集を持参して、事前に調べておいたギャラリーに直談判したところ、その場で開催が決まったのです。

名前も知らない外国人が突然訪問し、展示したい!なんて言っても無理だろうと思っていたので、台湾の人の懐の広さ、フットワークの軽さには本当に感謝の思いでいっぱいです。

いざ個展を開催すると、引っ切りなしにお客さんが来てくれ、初めて会う人なのに差し入れをくださったり、カタコトの日本語で感想を伝えてくださったり。ワークショップは日本以上に集客があり、日本のイラストレーションの人気を垣間見ることもできました。

●月●日から空いてますけど、どうですか？

個展をやりたいです！

中国語バージョンの名刺も作成し持参しました。

おわりに

最後までお読みくださり、ありがとうございます。

この本を通して、台湾の魅力が伝わったら、また、台湾を身近に感じてもらえたら、とても嬉しいです。実際に台湾に足を運んでもらえたら、さらに嬉しいです！

私は旅行中に旅ノートを作っています。旅の瞬間を残しておきたくて、絵と文字で旅の様子を書いたり、パンフレットや切符、両替時にもらったレートの紙などを貼っています。そのノートを見返すと、昔の旅がリアルに思い出され、また旅をしているような気持ちになれるのです。今回、この本を制作する上で、過去に残した旅ノートにだいぶ助けられました。旅の記録を残しておくのは良いものです。

今まで、その魅力に惹かれ自然と足が向いていた台湾ですが、この本を制作することで、台湾をもっと身近に感じ、さらなる魅力を発見することができました。制作中、台湾に行きたいと何度思ったことか！食べ物の絵を描いてはお腹がグーとなり、今すぐ旅立ちたい気持ちでいっぱいです。

今回の制作では、たくさんの方に助けていただきました。
いつも台湾の旅を楽しくさせてくれる、現地在住のけーこちゃん。私のイラストの可能性を発掘してくださり、スケジュール調整が下手くそな私をうまく誘導してくださった編集の福永恵子さん、ご本人も台湾が好きで、素敵なデザインをしてくださった清水佳子さん、イラスト制作のサポートをしてくれた鈴木デザインの鈴木愛さん、テキスト起こしや現地取材も手伝ってくれた父 (竹永茂人)、この場を借りて感謝申し上げます。

この本が、皆さんの台湾旅の相棒になってくれたらいいな、と心から願っています。

2020年1月　イラストレーター　竹永絵里

竹永絵里　Eri Takenaga

2005年、多摩美術大学情報デザイン学科卒業。
F-SCHOOL OF ILLUSTRATION、山田博之イラスト
レーション講座受講。多くの人に親しまれるイラスト
レーションを描き、書籍、広告、WEB、文具など、幅
広く活躍中。台湾にて、個展やワークショップを開催。
主な作品に『大人かわいいパリ20区ガイド』（大和書
房）、『はじめての行事えほん』（パイ インターナショ
ナル）、「わくわく発見！」シリーズ（河出書房新社）
などがある。趣味は旅行！

https://takenagaeri.com

美味しい！ 可愛い！ 大人の台湾めぐり

2020年1月21日　第一刷発行

著 者　竹永絵里

装画・本文イラスト　竹永絵里
ブックデザイン　清水佳子（smz'）
編集　福永恵子（産業編集センター）

発 行　株式会社産業編集センター
　　　　〒112-0011 東京都文京区千石4-39-17
　　　　TEL 03-5395-6133
　　　　FAX 03-5395-5320

印刷・製本　株式会社シナノパブリッシングプレス